世界武器鉴赏系列

无人装备

鉴赏 （珍藏版）

《深度军事》编委会 编著

清华大学出版社
北京

内 容 简 介

本书是介绍无人装备的科普图书，共分为6章。第1章简明扼要地介绍了无人装备的发展历史、前沿技术、未来趋势等知识，第2～6章则分别介绍了不同类型的无人装备中的重要型号，涵盖军用无人机、军用无人船、军用无人车、军用机器人、民用无人装备等多种类型。

本书内容翔实严谨，分析讲解透彻，图片精美丰富，适合广大军事爱好者阅读和收藏，也可以作为青少年的科普读物。

图书在版编目(CIP)数据

无人装备鉴赏：珍藏版 /《深度军事》编委会编著. —北京：清华大学出版社，2022.4（2024.7 重印）

（世界武器鉴赏系列）

ISBN 978-7-302-60373-3

Ⅰ . ①无… Ⅱ . ①深… Ⅲ . ①军事装备—世界—指南 Ⅳ . ①E145-62

中国版本图书馆CIP数据核字(2022)第056221号

责任编辑：李玉萍
封面设计：王晓武
责任校对：张彦彬
责任印制：丛怀宇

出版发行：清华大学出版社
　　　　网　　　址：https://www.tup.com.cn, https://www.wqxuetang.com
　　　　地　　　址：北京清华大学学研大厦A座　　邮　　编：100084
　　　　社 总 机：010-83470000　　　　　　　　邮　　购：010-62786544
　　　　投稿与读者服务：010-62776969, c-service@tup.tsinghua.edu.cn
　　　　质 量 反 馈：010-62772015, zhiliang@tup.tsinghua.edu.cn
印 装 者：涿州汇美亿浓印刷有限公司
经　　销：全国新华书店
开　　本：146mm×210mm　印　　张：10.875　字　　数：348千字
版　　次：2022年6月第1版　　　　　　印　　次：2024年7月第3次印刷
定　　价：69.00元

产品编号：094070-01

丛书序

FOREWORD

　　国无防不立，民无防不安。一个国家、一个民族，最重要的两件大事就是发展和安全。国防是人类社会发展与安全需要的产物，是关系国家和民族生死存亡的根本大计。军事图书作为学习军事知识、了解世界各国军事实力的绝佳途径，对提高国民的国防观念，加强青少年的军事素养具有重要意义。

　　与其他军事强国相比，我国的军事图书在写作和制作水平上还存在许多不足。以全球权威军事刊物《简氏防务周刊》（英国）为例，其信息分析在西方媒体和政府中一直被视为权威观点，其数据库被各国政府和情报机构广泛购买。而由于种种原因，我国的军事图书在专业性、全面性和影响力等方面还存在明显不足。

　　为了给广大的军事爱好者提供一套既全面又专业、既有趣又易懂的入门级武器参考资料，我们精心推出了"世界武器鉴赏系列"图书，其内容涵盖现代飞机、现代战机、早期战机、现代舰船、单兵武器、特战装备、世界名枪、世界手枪、美国海军武器、二战尖端武器、坦克与装甲车等。

　　本系列图书由国内资深军事研究团队编写，力求内容的全面性、专业性和趣味性。同时在吸收国外同类图书优点的基础上，还加入了一些独特的表现手法，试图做到化繁为简、图文并茂，以符合国内读者的阅读习惯。

本系列图书内容丰富、结构合理，使读者在熟悉武器历史的同时，还可以系统地了解各种武器的作战性能。在武器的相关参数上，我们参考了武器制造商官方网站的公开数据及国外的权威军事文档，做到有理有据。每本图书都附有大量的精美图片，配合别具一格的排版方式，具有较高的观赏性和收藏价值。

前言
PREFACE

　　无人装备是指无人操作的、完全按遥控指令或者按预编程序自主运行的作战装备。20世纪90年代，以新材料、光电子、微机电、计算机、人工智能、信息、网络、控制、动力以及航空航天等为代表的新技术的飞速发展，为无人装备的腾飞奠定了坚实基础。

　　美军很早就意识到了无人装备在侦察预警、火力支援和后勤保障等领域的重要作用，其陆军未来转型计划中就包括许多无人作战平台，如"火网"非直瞄导弹发射平台、"火力侦察兵"无人机、武装机器人车辆、无人值守地面传感器等。美国发表的《21世纪战略技术》一文曾断言："20世纪地面作战的核心武器是坦克，21世纪则很可能是无人作战平台。"

　　许多军事专家认为，无人作战飞机、无人潜水器、无人战车等无人装备的加盟将有可能改变未来作战的力量结构、组织编成、战术思想、作战方式等各个方面。甚至有人设想，未来地面战中的突击力量将可能是一支无人战车和机器人部队，跟随其后的才是由战斗人员组成的部队。毫无疑问，无人装备在现代战争中的地位将会越来越重要。

　　本书对冷战以来世界各国制造的百余款经典无人装备进行了全面介绍，包括军用无人机、军用无人船、军用无人车、军用机器人和民用无人装备等多个类别。每种无人装备的研发历史和实用性能均有介绍，并详细罗列了各项基本参数。出于军事保密的原因，本书没有收录我国研制的军用无人装备，仅对民用无人装备的代表产品进行了简要介绍。

本书紧扣军事专业知识，是真正面向军事爱好者的基础图书。全书共分为6章，内容丰富、结构合理，关于武器的相关参数还参考了制造商官方网站的公开数据以及国外的权威军事文档。全书涉及内容全面合理，并配有丰富而精美的图片。

参与本书编写的人员有阳晓瑜、陈利华、高丽秋、龚川、何海涛、贺强、胡姝婷、黄启华、黎安芝、黎琪、黎绍文、卢刚、罗于华等。对于广大资深军事爱好者，以及有意掌握国防军事知识的青少年，本书不失为了解无人装备的有价值的科普读物。

本书赠送的相关资料均以二维码形式提供，读者可以使用手机扫描下面的二维码下载并观看。

目 录
CONTENTS

第 1 章　无人装备漫谈 1

无人装备的发展现状 2

无人装备的主要分类 6

无人机运行管理法律法规 13

第 2 章　军用无人机 15

美国 MQ-1 "捕食者" 无人机 16

美国 RQ-3 "暗星" 无人机 18

美国 RQ-4 "全球鹰" 无人机 20

美国 MQ-4C "海神" 无人机 22

美国 MQ-5 "猎人" 无人机 24

美国 RQ-7 "影子" 无人机 26

美国 MQ-8 "火力侦察兵" 无人机 28

美国 MQ-9 "收割者" 无人机 30

美国 RQ-11 "渡鸦" 无人机 32

美国 RQ-14 "龙眼" 无人机 34

美国 RQ-20 "美洲狮" 无人机 36

美国 RQ-21 "黑杰克" 无人机 38

美国 MQ-25 "刺鳐" 无人机 40

美国 RQ-170 "哨兵" 无人机 42

美国 X-37B 无人机 44

美国 X-45 无人机 46

美国 X-47A "飞马" 无人机 48

美国 X-47B "咸狗" 无人机 50

美国 X-48 无人机 52

美国 X-51 "乘波者" 无人机 54

美国 A160 "蜂鸟" 无人机 56

美国 D-21 无人机 58

美国 SR-72 无人机 60

美国 K-MAX 无人机 62

美国 BQM-74 "石鸡" 无人机 64

美国 "蚊蚋" 750 无人机 66

美国 "复仇者" 无人机 68

美国 "扫描鹰" 无人机 70

美国 "幻影线" 无人机 72

美国 "弹簧刀" 无人机 74

以色列 "侦察兵" 无人机 76

以色列 "先锋" 无人机 78

以色列 "哈比" 无人机 80

以色列 "搜索者" 无人机 82

以色列 "苍鹭" 无人机 84

以色列 "哈洛普" 无人机 86

以色列 "埃坦" 无人机 88

以色列 "黑豹" 无人机 90

以色列 "鸟眼" 无人机 92

以色列 "赫尔姆斯" 450 无人机 94

以色列 "赫尔姆斯" 900 无人机 96

以色列 "云雀" 无人机 98

以色列 "统治者" 无人机 100

以色列 "航空星" 无人机 102

以色列"游骑兵"无人机......104

以色列"猛犬"无人机......106

以色列"空中骡子"无人机......108

苏联图–141"雨燕"无人机......110

苏联图–143"航程"无人机......112

俄罗斯卡–137无人机......114

俄罗斯"鳐鱼"无人机......116

英国"守望者"无人机......118

英国"不死鸟"无人机......120

英国"雷神"无人机......122

法国"神经元"无人机......124

法国"雪鸮"无人机......126

法国"雀鹰"无人机......128

德国"月神"X–2000无人机......130

德国"阿拉丁"无人机......132

德国KZO无人机......134

德国/西班牙"梭鱼"无人机......136

加拿大/德国/法国CL–289无人机......138

加拿大CQ–10"雪雁"无人机......140

意大利"天空"X无人机......142

意大利P.1HH"锤头"无人机......144

奥地利S–100无人机......146

挪威"黑色大黄蜂"无人机......148

南非"秃鹰"无人机......150

南非"短尾鹰"无人机......152

印度"尼尚特"无人机......154

印度"鲁斯特姆"无人机......156

印度"拉克什亚"无人机......158

印度"奥拉"无人机......160

墨西哥"加维兰"无人机......161

第3章　军用无人船 163

美国"海猎"号无人舰 164

美国"斯巴达侦察兵"无人艇 167

美国"食人鱼"无人艇 168

美国"海狐"无人潜艇 170

美国"雷穆斯"无人潜艇 172

美国"海马"无人潜艇 174

美国"刀鱼"无人潜艇 176

美国"幽灵泳者"无人潜艇 177

美国大直径无人潜航器 179

美国 X-2 无人艇 181

美国 AN/WLD-1 遥控猎雷系统 182

美国 AN/BLQ-11 长时间水雷搜索系统 184

以色列"保护者"无人艇 186

以色列"银色马林鱼"无人艇 188

以色列"黄貂鱼"无人艇 190

以色列"海星"无人艇 191

英国"卫兵"无人艇 192

英国"喷水鱼"无人潜艇 193

英国"塔里斯曼"无人潜艇 194

法国"检察员"无人艇 196

法国 PAP-104 无人潜艇 200

瑞典"双鹰"无人潜艇 203

挪威"水雷狙击手"无人潜艇 206

第4章　军用无人车 207

美国"魔爪"无人车 208

美国"龙腾"无人车 212

美国"角斗士"无人车 215

美国"破碎机"无人车 218

美国"蝎子"无人车 220

美国 MDARS 无人车 222

美国 MULE 无人车 224

美国 MUTT 无人车 227

美国"特拉迈克斯"改装套件 229

以色列"守护者"无人车 232

以色列"先锋哨兵"无人车 235

英国"防御者"无人车 237

英国"黑骑士"无人车 239

英国"独轮手推车"无人车 242

法国"西拉诺"无人车 244

俄罗斯"天王星6"无人车 245

俄罗斯"天王星9"无人车 247

德国"任务大师"无人车 249

塞尔维亚"米洛斯"无人车 251

第5章　军用机器人 253

美国"阿特拉斯"机器人 254

美国"猎豹"机器人 256

美国"大狗"机器人 258

美国"领头狗"机器人 260

美国"小狗"机器人 263

美国"野猫"机器人 264

美国"斑点"机器人 265

美国"佩特曼"机器人 267

美国"沙蚤"机器人 270

美国 RHex 机器人 271

美国 RiSE 机器人 272

美国"小熊"机器人 273

第 6 章　民用无人装备 275

美国"西罗"机器人 276

美国"蓝鳍"21 无人潜水器 279

美国"谷歌"无人车 282

美国 Lily 无人机 285

美国 Solo 无人机 288

英国"优尔特拉"无人车 290

法国"阿利斯特"无人潜水器 292

法国"赛卡博"无人车 294

法国 EZ10 无人车 296

法国 Bebop 无人机 299

法国 Disco 无人机 302

德国"路克斯"无人车 305

瑞士 eBee 无人机 306

挪威"胡戈恩"无人潜水器 308

中国"悟"1 无人机 310

中国"悟"2 无人机 312

中国"精灵"3 无人机 314

中国"精灵"4 无人机 316

中国"御"Pro 无人机 317

中国"御"2 无人机 319

中国"御"Air 2 无人机 321

中国 MG-1 农业植保机 323

日本"阿西莫"机器人 325

日本 HOAP-3 机器人 328

日本 QRIO 机器人 329

日本"海沟"号无人潜水器 331

日本"浦岛"号无人潜水器 333

参考文献 334

第1章
无人装备漫谈

　　自21世纪以来，高新技术突飞猛进，引发了军事领域的一系列重大变革。尤其引人注目的是，作为未来战争物质基础的武器装备不断花样翻新，并呈现出向"无人化"迅速发展的新趋势，各类无人装备层出不穷、百花齐放。

无人装备的发展现状

　　无人装备是高技术领域中多学科交叉的技术结晶，集中了当今科学技术的许多尖端成果。随着微电子、光电子、纳米、微机电、计算机、新材料、新动力以及航空航天等高新技术的广泛应用，无人装备的发展日新月异，涌现出军用无人机、军用无人船、军用无人车、军用机器人和军用卫星等种类繁多的无人作战平台。

　　军用无人机是指由无线电遥控设备操纵或自动程序控制设备操纵的不载人飞机，它既可用于侦察，又可用作靶机，还可同其他飞机一起编队执行任务，甚至可独立完成突击任务。目前，世界上拥有军用无人机最多的国家是美国，其"全球鹰"和"捕食者"系列无人机举世闻名。不过，军用无人机技术最为发达的国家要数以色列。

美国空军装备的"全球鹰"无人机

　　军用无人船一直受到海军的青睐，新一代先进的军用无人船正在不断涌现，尤其是无人潜水器。据报道，目前世界上有十几个国家正在加紧发展无人潜水器，用以在未来战场上执行侦察、监视、探雷、扫雷和攻击等多种作战任务，以获取 21 世纪海战的优势。

　　军用无人车在近年来的军事行动中得到了严格的测试，既展现出无与伦比的优势，又暴露出一些不足之处。各国现役的军用无人车品类繁多，而各国首先需要解决的问题就是当前已列装的军用无人车设备所面临的经费问题。军用无人车更新换代快，产量低，这无疑使其成为高昂成本的代名词。尤其是新技术的引入，更让淘汰周期进入了三年期，甚至一年期。除费用外，困扰各国研制军用无人车的另一个问题就是标准化。只有标准统一，才可以进行相对低成本的量产和功能区分。

美国海军陆战队的试验型无人车

军用机器人的发展同样十分迅猛。军用机器人可以完成许多人类无法完成的事情，不但能够在恶劣的地形和气象条件下布设障碍或清除障碍，还可作为陆地、空中、海上的军用机械或武器平台使用，而且能够代替士兵出生入死，浴血奋战。这种"钢铁士兵"在未来战场上将成为一股不可小视的力量。美国著名的军用机器人专家戴维斯博士认为，目前机器人士兵进入实用化已不成问题，下一步的任务是使这种特殊的军事手段更经济、成本更低。

军用卫星在高技术战争中具有举足轻重的作用。近年来在几场局部战争中，美军不仅动用了几乎全部军用卫星系统，还征用了部分在轨的商业卫星，为参战部队提供了全面的侦察、监视、通信、预警、导航、定位、气象等重要的作战信息。这些卫星不仅实现了战场信息的实时传输，而且实现了信息向作战能力的迅速转化。正是依靠这些卫星，美军攻击行动的目标获取—传输—处理—反馈作战平台——完成火力攻击的整个过程只需要 10 秒左右，几乎做到了实时。

　　毫无疑问，各类无人装备现已成为世界各国争相研制的热门兵器，是高技术武器装备发展的一个方向。目前，美国、俄罗斯、英国、法国、日本、以色列等国都在争先恐后地发展无人作战平台，并且成为 21 世纪武器装备发展的一个重点，一些发达国家军队的无人装备正朝着信息化、隐形化、微型化和直接作战方向发展。

　　由于隐形兵器在战争中有着得天独厚的优势，因此，竞相研制、发展隐形技术和隐形化无人兵器已成为目前各国装备建设的一个显著特点。特别是拥有隐形技术的无人机，更是备受青睐。

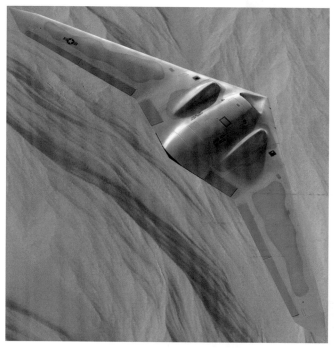

美国 RQ-170 "哨兵" 隐形无人机

　　微型化是无人装备发展的又一特点。采用纳米技术和微型机电系统与技术，研制发展巴掌大小乃至昆虫大小的无人作战平台已不再是科学幻想。美国国防部预测，未来几年内将有第一批微型武器组成的 "微型军" 诞生，而在十年内有望大规模部署。

小巧玲珑的挪威"黑色大黄蜂"无人机

在直接作战方面，美军的"捕食者"无人机无疑是最成功的范例。目前，该型机正在加装"毒刺"近距空对空导弹，从而升级为"无人战斗机"。由于空战的难度远大于空地作战，因此无人战斗机必须融合人工智能、信息化、隐身等技术，才能够取代有人驾驶作战的飞机，将一个全新的概念导入空中作战。

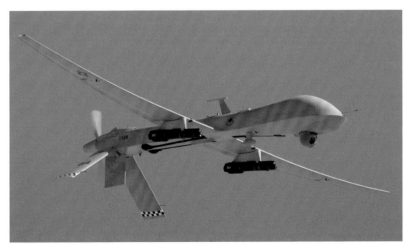

美国MQ-1"捕食者"无人机

科学技术的突飞猛进极大地推动了无人作战平台的建设。在不久的将来，战场上将会活跃着数不清的无人装备，形成真正意义上的"无人军"，并占领未来战争的制高点。无人装备将会改变现代战争的模式，使战争的形式从完全的物质摧毁变成了真正的局部"手术式"攻击，使正规战变成特种战，使"顺序作战"变成"并行作战"，突然袭击将贯穿于战略和战役行动的全过程。

美国 X-47B 无人机

无人装备的主要分类

军用无人机

无人机于20世纪初诞生于英国，但它最初在战争中只是担当袭扰、靶机等边缘角色，真正受到重视是在20世纪80年代以后。在1982年的第五次中东战争中，以色列军队以"猛犬"无人机为先导，诱使叙利亚的雷达和防空火力阵地暴露无遗，然后以强大的火力在瞬间将其全部摧毁，无人机由此一战成名。

2001年10月，在阿富汗战争中，美国首次远程遥控"捕食者"无人机发射"地狱火"导弹，摧毁了阿富汗的一个车队，杀死了多名塔利班头目，开启了无人机直接用于摧毁目标的新纪元。在此后漫长的战争中，美军无人机在战场上定点清除了数十名重量级敌方头目。

目前，军用无人机主要用于执行全天候突防、情报侦察、电子战等任务。

利用其强大的隐身性能，军用无人机可以在夜间、雨雪天气、云层中，悄然飞行至目标附近，用精确制导武器对敌防空系统进行出其不意的攻击。另外，自杀式军用无人机还特别适合打击敌方雷达。

情报侦察是军用无人机最为重要的作战功能，它可以担负战略情报和战术情报的双重收集任务，其效率和安全性在很多方面远高于传统的有人侦察机。在战略情报方面，无人机与传统侦察机相比可以在更长时间、更广空域内连续航行，不间断地收集情报。相对于太空侦察卫星网络，无人机更具灵活性和机动性，可以使侦察网络更加严密，侦察图像也更清晰。无人机的战术侦察能力更是无可替代。在战场环境下，小型无人机就像一部会飞的望远镜，能把战场态势了解得一清二楚，不留死角，极大地增强了战斗人员的战场感知能力。

在电子战方面，无人机的表现也是可圈可点。它可以装载大量电子装备，集预警、指挥、控制、通信、干扰等多种电子战功能于一身。无人机可以用"诱饵飞行"的方式诱骗敌方雷达开机，使己方侦察系统清晰地掌握敌方雷达和阵地参数，进而予以攻击。同时，无人机可以凭借强大的电子干扰能力对敌方的信息系统进行有力的压制和干扰，使敌方致盲致聋。

德国"阿拉丁"无人机

英国"守望者"无人机

军用无人船

军用无人船的历史可追溯到二战期间，当时只是被作为一次性的制导武器使用。冷战开始后，旨在搜寻和清扫水雷的军用无人船开始装备各国海军，这些早期遥控舰艇多由电缆发送的导航信号或母舰通过无线电控制，自主活动能力有限。20世纪90年代以后，人工智能和自动化技术的进步让水上水下的无人舰艇迎来了真正的活跃期。目前，西方国家的军用无人船大多担负侦察任务，具备攻击能力的改进型也已开始列装。

普及使用军用无人船的好处显而易见——让单一平台的功能更趋多元化，从而节省人力和运营成本。越来越多的国家已将此类系统视为必不可少的装备，以满足日益增长的海上安全需求。像军用无人机一样，军用无人船进入舰队编制后，指挥官的战场视野将获得显著的提升。与载人系统相比，军用无人船更小、更灵活，生存能力更强。值得一提的是，其建造和操作费用也相对便宜，在各国国防开支趋于紧缩的情况下，这显然是关键的筹码。此外，使用无人而非常规舰艇，能降低军事行动的敏感性。

军用无人船有能力在未来十年改变海上战争的形态。不过，它们对网络、计算机系统和数据链的依赖，说明任何寄希望于军用无人船的国家，必须首先在电磁和网络空间占有足够的资源——在不远的未来，海上作战成功与否，将在更大程度上由虚拟维度的交锋所决定。

美国"雷穆斯"无人潜艇

法国 PAP-104 无人潜艇

军用无人车

　　军用无人车是一种自主行驶或遥控操作,可一次或多次使用,并能携带一定载荷的地面机动平台。它的历史可追溯到二战期间,德军在战争中使用了一种破坏用的遥控炸弹，即"哥利亚"遥控炸弹。自此之后，军用无人车就承担起了执行诸如排雷、爆炸物清除、攻坚、作战等高危险任务的重要角色。它能够代替士兵直接作战或在危险或可疑地区执行特殊任务，在很大程度上可减少人员伤亡。

由于军用无人车具有自动操控和高度智能化的特点，因此，往往可到达有人驾驶车辆难以到达或对人类十分危险的地域，并完成人类难以直接完成的任务，因而日益受到各国军方的重视，美国、英国、法国等国家一直在潜心研制军用无人车。目前，军用无人车正朝着小型化、战斗化、通用化、隐形化的方向发展。

美国"魔爪"无人车

以色列"守护者"无人车

军用机器人

　　机器人投入工业实用性研究始于 20 世纪 40 年代。1958 年，美国阿拉贡实验室率先推出世界第一个现代实用机器人——仆从机器人。此后，英国、法国、意大利等国也相继开展了实用机器人的研究，并先后推出了各自研制的机器人。20 世纪 60 年代，美国在市场上推出了首批用于工业生产的机器人之后，机器人开始在全世界范围内蓬勃发展起来。

　　20 世纪 60 年代中期，电子技术有了重大突破，出现了一种以小型电子计算机代替存储器控制的机器人。机器人开始有了"某种感觉"和协调能力，能自主地或在人的控制下从事稍微复杂的工作，这就为机器人的军事应用创造了条件。1966 年，美国海军使用机器人"科沃"潜至 750 米深的海底，成功地打捞起一枚失落的氢弹，使人们第一次看到了机器人潜在的军事使用价值。

　　20 世纪 70 年代以后，人工智能技术的发展和各种传感器的开发使用，促使一种以微电脑为基础、以各种传感器为神经网络的智能机器人的出现。这种机器人不仅能从事繁重的体力劳动，而且具有一定的思维、分析和判断能力，能更多地模仿人的功能，从事较复杂的脑力劳动。再加上机器人先天具备的各项优点，世界各国开发军用机器人的热情日益高涨。时至今日，美国、英国、日本等国都制订了发展军用机器人的长远计划，仅美国列入研制计划的各类军用机器人就有数十种。毫无疑问,随着智能机器人的相继问世和科学技术的不断发展,军用机器人异军突起的时代已为期不远。

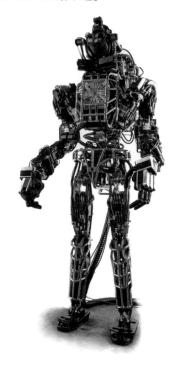

美国"阿特拉斯"机器人

美国"领头狗"机器人

无人机运行管理法律法规

随着世界无人机销售量呈井喷式增长，各国境内民用无人机扰乱航空秩序的案件数量不断增加。2015 年 1 月美国华盛顿白宫无人机事件和 2015 年 4 月日本首相府邸无人机入侵事件，都直接或间接地影响了国家安全。2018 年 12 月和 2019 年 1 月，英国伦敦希斯罗和盖特威克机场先后因无人机扰航而关闭，数万名旅客滞留机场，造成严重的社会事件。大型机场的航班起降密度很大，一旦发生无人机与飞机的碰撞，后果不堪设想。在国内，成都双流机场、杭州萧山机场、昆明长水机场均发生过无人机干扰民用航空飞机飞行的案例。此外，民用无人机如果在空中发生撞击等事故，无论是空中解体，还是坠落后解体，都极大可能酿成火灾，危害公共安全，毁坏地面财物，威胁人身安全。因此，一些国家相继出台了民用无人机运行管理法律法规。

中国

中国目前针对无人机的法律规定还有所欠缺，只有条例、规定和管理办法，层级较低。2009 年 7 月国家民航局颁布的《民用无人驾驶航空器系统驾驶员管理暂行规定》和 2018 年 8 月颁布的《民用无人机驾驶员管理规定》对民用无人机驾驶员管理、执照和等级要求及无人机驾驶员电子执照的管理等作出了明确规定；2015 年 12 月颁布的《轻小型无人机运行规定（试行）》对民用无人机的适用范围及分类以及限制飞行区域作出规定；2016 年 9 月颁布的《民用无人驾驶航空器系统空中交通管理办法》加强了对民用无人驾驶航空器飞行活动的管理，规范其空中交通管理；2017 年 5 月颁布的《民用无人驾驶航空器实名制登记管理规定》主要规定对民用无人机拥有者实施实名制登记并发放登记标志；2018 年 3 月颁布的《民用无人驾驶航空器经营性飞行活动管理办法（暂行）》主要是为加强市场监管，规范无人机从事经营性飞行活动。

美国

美国主要通过联邦航空管理局（FAA）加强对民用无人机的法律监管。2016 年 6 月，美国专门制定针对无人机的法律管理规则：第一，无人机的操作者只要年满 16 周岁并且通过美国运输安全局（TSA）的审查和 FAA 测验就可以取得两年有效期的操作证书，不再需要考取无人机操作员的驾驶执照。第二，购买无人机必须在 FAA 注册，注册后取得唯一的编码，并要求必须将该编码贴到无人机机身上，从而实现"一人一机一码"的法律监管，注册信息如与人、机和码不符时将会受到最高 25 万美元的罚款和最多 3 年的监禁。第三，美国对无人机的飞行区域作了明确限制。无人机不得在机场 5 英里内的区域起飞，不得飞越国家安全敏感区域和公共设施，美国国家公园管理局（NPS）规定 401 个国家公园禁止无人机的非法飞行。第四，无人机的飞行高度不能超高 400 英尺（约 121 米），不能在临时禁飞区飞行和进行夜航飞行。

英国

英国主要通过民航局（CAA）加强对民用无人机的法律监管。英国航空法对民用无人机的飞行作出详细规定：第一，无人机的所有者和实际操作者必须是同一人，禁止将无人机借给没有操作资质的他人。第二，操作者在使用无人机进行航拍或者作业之前，必须向民航局申请，否则视为违法飞行并将受到 2 500 英镑的严厉处罚。第三，民用无人机飞行作业禁止靠近民航机场，在距离建筑物或者人群 50 米内、大于 1 000 人的集会场所和密集人群 150 米内禁止飞行。第四，民用无人机起飞和降落时与操作者距离应大于 30 米，无人机重量不能超过 3.5 千克，飞行高度不应该超过 400 英尺（约 121 米）。

德国

德国通过《飞行器管理办法》对民用无人机进行法律监管。2017 年，德国拟定新的法律草案加强对无人机管理。第一，操作者必须具备无人机操作资质，重量超过 250 克的无人机必须在机身写明无人机所有人的姓名及住址。第二，飞行作业前必须到相关管理部门申请，获得批准后才可以飞行。军警设施、人群密集区和机场等涉及国家安全和公共安全敏感区域禁止飞行。第三，民用无人机的飞行高度不能超过 100 米。

日本

2016 年 3 月，日本国会通过了《无人机管制法》对民用无人机进行法律监管。第一，将首相官邸、皇宫、外国政要下榻地等上空列为无人机禁飞区域，并且授予警方可以采取反制技术摧毁可疑无人机的权力。第二，禁止无人机在机场、体育场、建筑密集区和人口密集区飞行，特别规定禁止无人机夜间飞行，违者将受到 50 万日元的罚款。第三，民用无人机的飞行高度不能超过 150 米，距离机场不少于 9 千米。

第2章
军用无人机

　　无人机具有体积小、造价低、使用方便、对作战环境要求低、战场生存能力较强等优点，因此备受世界各国军队的青睐。无人机在战场上的逐渐运用，揭开了以远距离攻击型智能化武器、信息化武器为主导的"非接触性战争"的新篇章。

美国 MQ-1 "捕食者" 无人机

MQ-1 无人机是由美国通用原子技术公司研制的无人攻击机,绰号"捕食者"。

研发历史

MQ-1 无人机从 1995 年服役以来,参加过对阿富汗、波斯尼亚、塞尔维亚、伊拉克、也门和利比亚等国的战争。2011 年 9 月,美国空军国民警卫队表示尽管面临预算削减、经费不足等困难,但他们仍然不会放弃研制 MQ-1 无人机。

性能解析

MQ-1 无人机采用低置直翼、倒 V 形垂

基本参数	
制造商	通用原子技术
机身长度	8.22 米
机身高度	2.1 米
翼展	14.8 米
空重	512 千克
最大起飞重量	1 020 千克
最高时速	217 千米 / 时
最大航程	3 704 千米
实用升限	7 620 米

尾、收放式起落架、推进式螺旋桨,传感器炮塔位于机头下面,上部机身前方呈球茎状。其动力装置为 1 台罗塔克斯 914F 涡轮增压四缸发动机,最大功率为 86 千瓦。该机可执行侦察任务,也可携带 2 枚 AGM-114 "地狱火" 导弹用于攻击。

MQ-1 无人机可在粗略准备的地面上起飞升空,起降距离约为 670 米,起飞过程由遥控飞行员进行视距内控制。在回收方面,MQ-1 无人机可以采用软式着陆和降落伞紧急回收两种方式。MQ-1 无人机在目标上空留空时间达 24 小时,对目标进行充分的监视,最大续航时间高达 60 小时。该机的侦察设备在 4 000 米高处的分辨率为 0.3 米,对目标定位精度达到 0.25 米。

MQ-1 无人机在高空飞行

仰视 MQ-1 无人机

美国 RQ-3 "暗星" 无人机

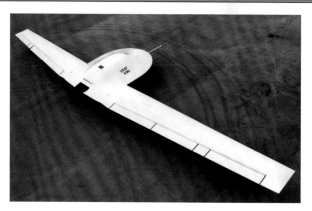

RQ-3 无人机是由美国波音公司和洛克希德·马丁公司研制的无人侦察机，绰号"暗星"。

研发历史

美国国防部于 1993 年 5 月公布了无人驾驶飞机的总体规划，其中包括发展一种综合、有效、全面的无人驾驶侦察机，以满足 21 世纪作战的需要。RQ-3 无人机的论证工作于 1994 年 6 月完成，研制工作主要由波音公司和洛克希德·马丁公司承担。1996 年 3 月 29 日，RQ-3 无人机首次试飞。之后由于一场坠机事故，RQ-3 无人机的研制计划被迫取消。

性能解析

基本参数	
制造商	波音、洛克希德·马丁
机身长度	4.6 米
机身高度	1.1 米
翼展	21.3 米
空重	1 980 千克
最大起飞重量	3 860 千克
巡航速度	464 千米／时
最大航程	925 千米
实用升限	13 500 米

RQ-3 无人机采用了无尾翼身融合体设计方式，外形奇特，机翼的平面形状基本为矩形。发动机为 1 台 FJ44 涡轮风扇发动机，进气口在机头上方，后机身下部是尾喷口。RQ-3 无人机装备的侦察设备包括合成孔径雷达和光电探测器，具有探测范围大和通用性好等特点。

RQ-3 无人机具备自主起飞、自动巡航、脱离和着陆的能力，能够在飞行中改变飞行程序，从而执行新的任务。该机生存能力强，活动范围广，续航时间也较长。该机的续航时间为 8 小时，其监视覆盖面积达 48 000 平方千米。

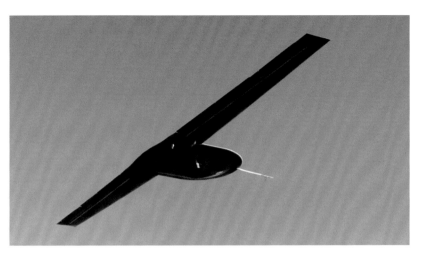

仰视 RQ-3 无人机

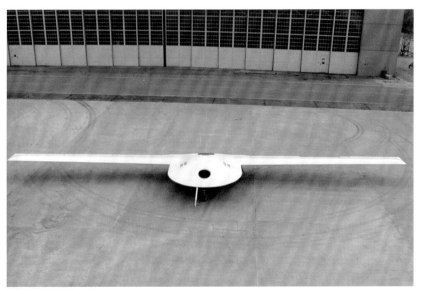

俯视 RQ-3 无人机

美国RQ-4"全球鹰"无人机

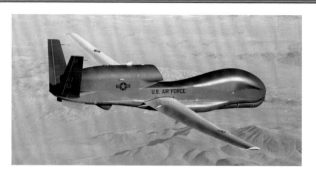

RQ-4无人机是由美国诺斯罗普·格鲁曼公司研制的无人侦察机,绰号"全球鹰"。

研发历史

RQ-4无人机于1995年开始研制，1998年2月28日首次飞行，1999年6月到2000年6月在美军组织下完成了部署和评估。2000年6月，完整的RQ-4无人机系统被部署到爱德华兹空军基地。2001年4月22日，RQ-4无人机完成了从美国到澳大利亚的越洋飞行任务。

性能解析

基本参数	
制造商	诺斯罗普·格鲁曼
机身长度	13.5 米
机身高度	4.6 米
翼展	35.4 米
空重	3 850 千克
最高时速	650 千米/时
最大航程	14 001 千米
实用升限	20 000 米

RQ-4无人机是一款大型的无人机，其翼展和一架中型客机相近。机身材料为铝合金，机翼材料则是碳纤维。整个"全球鹰"系统分为四部分，即机体、侦测器、航空电子系统、资料链。地面设施主要包括两部分，即发射维修装置（LRE）和任务控制装置（MCE）。该机可以搭载900千克设备，其动力装置为1台劳斯莱斯F137-RR-100涡扇发动机。

RQ-4无人机的机载燃料超过7吨，自主飞行时间长达41小时，可以完成洲际飞行。它可在距发射区5 556千米的范围内活动，可在目标区上空18 300米处停留24小时。RQ-4无人机装有高分辨率合成孔径雷达（SAR），还有光电红外线模组（EO/IR），具有远程长时间全区域动态监视功能。RQ-4无人机还可以进行波谱分析的谍报工作，提前发现全球各地的危机和冲突，也能协助导引空军的导弹轰炸，以降低误击率。

RQ-4 无人机起飞

RQ-4 无人机降落

美国 MQ-4C "海神" 无人机

MQ-4C "海神" 无人机是由美国诺斯罗普·格鲁曼公司正在研制的高空长程无人机，由 RQ-4 "全球鹰" 无人侦察机发展而来。

研发历史

MQ-4C 无人机基于 "广域海上监视" 项目开展研发，计划生产一款配合 P-8 "波塞冬" 海上巡逻机，可以进行海上实时监视、情报搜索、反潜侦察以及搜救等任务的无人飞机。美国海军于 2012 年 6 月 14 日在加尼福尼亚州棕榈谷举行了 MQ-4C 无人机的揭幕仪式。随后，内部编号为 168457 的 MQ-4C 无人机在 2013 年 5 月 22 日进行了首飞，并在爱德华兹空军基地与帕图森河海军航空站进行了多次测试飞行。该机原定于 2015 年 12 月获得初始作战能力，但被延期至 2018 年 5 月。全面部署计划于 2023 年完成。

基本参数	
制造商	诺斯罗普·格鲁曼
机身长度	14.5 米
机身高度	4.6 米
翼展	39.9 米
空重	6 781 千克
最大起飞重量	14 630 千克
最高时速	575 千米/时
最大航程	15 200 千米
实用升限	17 000 米

性能解析

MQ-4C 无人机大体上沿用了 RQ-4 无人机的机体设计，并在 RQ-4 无人机的基础上做了一定的改进，如加固了机体和机翼结构，改进了除冰装置和防雷击系统。有了这些改进，MQ-4C 无人机可以降低高度，在云层中更好地监视目标船只或其他海面目标。

　　MQ-4C 无人机可以在 17 000 米的高空飞行 30 小时以上，其上搭载的 AN/ZPY-3 MFAS 多功能 X 波段电子扫描阵列雷达能在 24 小时内侦测 7 000 000 平方千米的区域，或在一次扫描中侦测 5 200 平方千米的区域。该雷达具备逆合成孔径模式，可在各种天候状况下侦测目标。MQ-4C 无人机的自动化程度十分高，操控人员只需设定作业区域、巡航速度、飞行高度与预定目标，无人机将会利用内建的自动辨识系统处理拍摄到的光学与雷达影像，并将结果回传给操控人员。

MQ-4C 无人机编队

MQ-4C 无人机左侧视角

美国MQ-5"猎人"无人机

MQ-5无人机是美国陆军现役的无人侦察机，绰号"猎人"。

研发历史

1989年，美国陆军、海军和海军陆战队联合制订了一项研制无人驾驶航空器的计划。1993年，美国汤姆森·拉莫·伍尔德里奇公司（TRW）和以色列航空工业公司（IAI）获得了试生产7架RQ-5无人机的合同。1996年计划被取消，随后又恢复，编号被改为MQ-5。

性能解析

MQ-5无人机搭载的侦察设备主要为IAI开发的多功能光电设备（MOSP），包括

基本参数	
制造商	TRW、IAI
机身长度	6.89米
机身高度	1.7米
翼展	8.9米
最大载油量	136千克
最大起飞重量	727千克
最高时速	203千米/时
续航时间	12小时
实用升限	4 600米

白昼电视摄像机和前视红外仪，具备昼夜侦察能力。在马其顿使用的美国陆军MQ-5无人机装备的是为白昼电视摄像机配备的弹着观察器和第三代前视红外仪。此外，该无人机还装备了1具激光指向器和多种通信系统，以及诺斯罗普·格鲁曼公司研制的通信干扰、通信告警接收机和雷达干扰机等电子对抗设备。

MQ-5 无人机起飞

MQ-5 无人机在高空飞行

美国 RQ-7 "影子" 无人机

RQ-7 无人机是美军装备的无人侦察机，绰号"影子"。

研发历史

RQ-7 无人机是美国陆军"固定机翼战术无人机"（TUAC）项目中最重要的部分。2006 年 8 月，美国陆军航空兵和导弹指挥部与 AAI 公司签署了一份价值 1 170 万美元的合同，要求 AAI 公司为美军前线的 RQ-7B 战术无人机集成一个新型高级战术通用数据链路设备，并负责其演示工作。

性能解析

RQ-7 无人机具有体积小、重量轻的特

基本参数	
制造商	AAI
机身长度	3.4 米
机身高度	1 米
翼展	4.3 米
空重	84 千克
最大起飞重量	170 千克
最高时速	204 千米/时
最大航程	109 千米
实用升限	4 572 米

点，整套系统可通过 C-130 运输机快速部署到战区的任何地方。该无人机的探测能力较强，可探测到距离陆军旅战术作战中心约 125 千米外的目标，并可在 2 438 米的高空全天候侦察到 3.5 千米距离内的地面战术车辆。

全套系统包括飞机、任务载荷模块、地面控制站、发射与回收设备和通信设备。在作战时，RQ-7 无人机系统需要 4 辆多功能轮式装甲车运输，其中两辆装载零部件，另外两辆作为装甲运兵车搭载操作人员。

美军士兵正在推动 RQ-7 无人机

RQ-7 无人机弹射起飞

美国 MQ-8 "火力侦察兵" 无人机

MQ-8 无人机是由美国诺斯罗普·格鲁曼公司研制的垂直起降无人机，绰号 "火力侦察兵"。

研发历史

1998 年 11 月，美国海军提交了发展舰载垂直起降战术无人机的作战需求文件，并于 1999 年 8 月开始招标，诺斯罗普·格鲁曼公司的方案打败了贝尔直升机公司和西科斯基直升机公司的方案。美国海军通过这项计划研制出 RQ-8A 无人机，后来又研制出功能更加强大的 RQ-8B 无人机。2005 年，RQ-8B 无人机的编号被改为 MQ-8B。目前，诺斯罗普·格鲁曼公司正在研制更加先进的 MQ-8C 无人机。

基本参数	
制造商	诺斯罗普·格鲁曼
机身长度	7.3 米
机身高度	2.9 米
翼展	8.4 米
空重	940 千克
最大起飞重量	1 430 千克
最高时速	213 千米 / 时
最大航程	203 千米
实用升限	6 100 米

性能解析

MQ-8 无人机充分利用成熟的直升机技术和零部件，仅对机身和燃油箱作了一些改进，而机载通信系统和电子设备采用了诺斯罗普·格鲁曼公司自家的 RQ-4 "全球鹰" 无人机所使用的系统，这有利于节省成本和缩短研制周期。RQ-8A 和 MQ-8B 在外形上区别较大，RQ-8A 的旋翼有 3 个桨叶，而 MQ-8B 的旋翼有 4 个桨叶。此外，二者的传感器和航空电子设备也有明显的区别。

MQ-8 无人机可在战时迅速转变角色，执行包括情报、侦察、监视、通信

中继等在内的多项任务。同时，MQ-8 无人机还为今后升级改造预留了充足的
载荷空间。MQ-8 无人机具备挂载"蝰蛇打击"智能反装甲滑翔弹和"九头蛇"
低成本精确杀伤火箭的能力，也可以发射"地狱火"导弹和以色列拉斐尔公司
的"长钉"导弹。

停放在甲板上的 MQ-8 无人机

仰视 MQ-8 无人机

美国 MQ-9 "收割者" 无人机

MQ-9无人机是由美国通用原子技术公司研发的远程作战无人机，绰号"收割者"。

研发历史

1994 年 1 月，美国通用原子技术公司获得了美国空军"中高度远程'捕食者'无人机"计划的合同。在竞争中击败诺斯罗普·格鲁曼公司后，通用原子技术公司于 2002 年 12 月正式收到了美国空军的订单，制造 2 架"捕食者" B 型无人机，之后正式命名为 MQ-9"收割者"。截至 2021 年 6 月，美国空军已经装备了超过 200 架 MQ-9 无人机。

性能解析

基本参数	
制造商	通用原子技术
机身长度	11 米
机身高度	3.8 米
翼展	20 米
空重	2 223 千克
最大起飞重量	4 760 千克
最高时速	482 千米 / 时
最大航程	5 926 千米
实用升限	15 000 米

MQ-9 无人机装备有先进的红外设备、电子光学设备以及微光电视和合成孔径雷达，拥有不俗的对地攻击能力，并拥有卓越的续航能力，可在战区上空停留数小时之久。此外，MQ-9 无人机还可为空中作战中心和地面部队收集战区情报，对战场进行监控，并根据实际情况开火。

与 MQ-1 无人机相比，MQ-9 无人机的动力更强，飞行速度可达 MQ-1 无人机的三倍，而且拥有更大的载弹量，装备 6 个武器挂架，可搭载"地狱火"导弹和 500 磅炸弹等。每架 MQ-9 无人机都配备 1 名飞行员和 1 名传感器操作员，他们在地面控制站内操控 MQ-9 无人机作战。

MQ-9 无人机在高空飞行

装有导弹的 MQ-9 无人机

美国 RQ-11 "渡鸦" 无人机

RQ-11A 是美国航宇环境公司研制的无人侦察机，绰号 "渡鸦"。

研发历史

RQ-11 "渡鸦" 无人机的前身是同样由航宇环境公司研发的 FQM-151 "游标犬" 无人机，后者于 1999 年开始服役。之后，航宇环境公司在其基础上研制出 RQ-11 "渡鸦" 无人机，2001 年 10 月首次试飞成功，2002 年开始实际军事部署，2003 年正式服役。美国空军、美国陆军、美国海军陆战队及美军多支特种部队均有采用。

基本参数	
制造商	航宇环境
机身长度	1.09 米
翼展	1.3 米
空重	1.9 千克
巡航速度	56 千米 / 时
续航时间	1 ～ 1.5 小时
最大航程	10 千米

性能解析

RQ-11 "渡鸦" 无人机的机体由 "凯夫拉" 材料制造，在设计上考虑了抗坠毁性能，不易发生解体。其机身非常小巧，分解后可以放入背包内携带。该机可以在地面站进行遥控，也可以使用 GPS 导航从而完全自动执行任务。RQ-11 "渡鸦" 无人机系统有 2 名操作人员，1 名飞机操作员负责控制无人机，1 名任务操作员负责观察无人机系统传回的图像。RQ-11 "渡鸦" 无人机由 1 具输出功率约为 0.3 千瓦的电动马达驱动，能在 150 米高度持续飞行约 10 千米的距离，或可爬升至海拔 4 500 米的高空。通过机上的航空电子系统与卫星定位导航的帮助，RQ-11 无人机能根据需要以人工遥控或自动导航的方式飞行。利用 RQ-11 "渡鸦" 无人机，战场上的士兵不需要冒险进入敌境就能完成侦察任务，从而降低了暴露行踪并遭攻击导致伤亡的概率。

停在地面的 RQ-11 无人机

美军士兵放飞 RQ-11 无人机

美国 RQ-14 "龙眼" 无人机

RQ-14 无人机是美国海军陆战队装备的小型侦察无人机，绰号"龙眼"。

研发历史

2003 年 11 月，美国航宇环境公司赢得了有史以来最大的一笔小型无人驾驶飞机的订单，为美国海军陆战队生产数量可能多达 1 026 架的"龙眼"无人机。除了提供无人机，按计划航宇环境公司还向海军陆战队提供 342 个地面站和相同数量的战场支援设备。

基本参数	
制造商	航宇环境
机身长度	0.9 米
翼展	1.1 米
空重	2.7 千克
巡航速度	65 千米 / 时
最大航程	10 千米
实用升限	150 米

性能解析

RQ-14 无人机装有 1 台由美国海军陆战队作战实验室开发的摄像机，可分成五个部分携带。操作人员使用 1 套包括计算机和地图显示器的可穿戴地面控制装备对其控制，计算机处理器和地图显示器安装于操作人员的前臂或防护衣上。操作人员通过点击地图显示器，可设置无人机飞行的高度、目的地及返回时间。

RQ-14 无人机由螺旋桨推进，可以飞行到距离操作员 10 千米的区域侦察敌情。该机由锌 – 空气电池驱动，通过手持发射，可重复使用。RQ-14 无人机的电子发动机噪声极低，不易被发现。

美军士兵正在放飞 RQ-14 无人机

美军在伊拉克战场上使用 RQ-14 无人机

美国 RQ-20 "美洲狮" 无人机

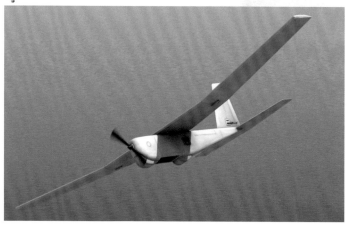

RQ-20 "美洲狮" 无人机是由美国航宇环境公司研制的小型手持式无人机，具备滞空 120 分钟以上的自动空中情报收集、监视与侦察能力。

研发历史

2007 年，RQ-20 "美洲狮" 无人机首次试飞成功。2008 年，该机被美国特种作战司令部小批量订购用于试用，其良好的适用性得到了各个军种的青睐。2012 年以后，美国陆军、空军、海军和海军陆战队均订购了 RQ-20 "美洲狮" 无人机，总数量超过 1 000 架。

基本参数	
制造商	航宇环境
机身长度	1.4 米
翼展	2.8 米
最大起飞重量	5.9 千克
最高时速	83 千米/时
最大航程	15 千米
实用升限	3 000 米

性能解析

RQ-20 无人机载有 1 部光电照相机、1 部红外照相机以及 1 部红外照明灯，该机可以在非常狭小的区域内使用，这是它能够同时被多个军种采购的原因之一。RQ-20 无人机的发射非常简单，1 名操作人员通过手持抛射即可升空。RQ-20 无人机可以分解为多个模块，使用时，从包裹中取出并投放到空中，整个过程只需要不到 5 分钟的时间。除了可以在海水或淡水中降落外，RQ-20 无人机上舰并不需要对海军舰船进行任何改装。

RQ-20 无人机抛射升空瞬间

美军士兵抛射 RQ-20 无人机

美国 RQ-21 "黑杰克" 无人机

RQ-21 "黑杰克" 无人机是由美国因西图公司研制的小型无人机，2012 年 7 月首次成功试飞。

研发历史

RQ-21 "黑杰克" 无人机是因西图公司根据美国海军的要求研发的一种小型战术无人侦察机，主要用于代替波音公司研制的 "扫描鹰" 无人机。RQ-21 无人机使用与 "扫描鹰" 无人机相同的发射和回收系统。RQ-21A 是 "黑杰克" 无人机实际部署的第一个型号，于 2014 年 4 月开始服役。

基本参数	
制造商	因西图
机身长度	2.5 米
翼展	4.9 米
空重	37 千克
最大起飞重量	61 千克
最高时速	138 千米 / 时
最大航程	93 千米
实用升限	5 944 米

性能解析

RQ-21 无人机为双翼撑、单发、单翼飞机，采用蒸汽弹射器发射，由 "天钩" 拦阻索系统回收，由于不需要专门的发射轨道，因此具备一定的全地形发射回收能力，既能在陆上基地发射，也能在舰艇甲板上发射，且所需的甲板空间非常小，作战部署灵活性较强。

整个 "黑杰克" 系统包括 5 架无人机、2 个地面控制站、1 具弹射器和 1 套 "天钩" 拦阻索系统。RQ-21 无人机的有效载荷由光电传感器、中波红外成像仪、红外标记器和激光测距仪组成。因西图公司发布的数据显示，RQ-21 "黑杰克" 无人机的巡航时速为 102 千米，续航能力为 24 小时。

RQ-21 无人机弹射起飞

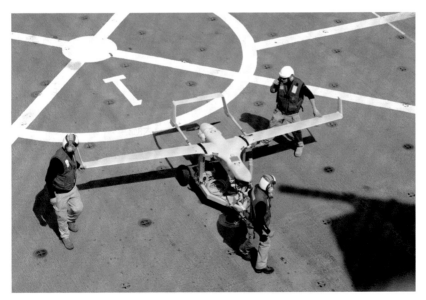

美国海军人员正在运送 RQ-21 无人机

美国 MQ-25 "刺鳐" 无人机

MQ-25 "刺鳐" 无人机是美国海军为舰载无人加油系统计划（CBARS）所生产的一种军用无人机，该计划源于早期的无人舰载空中侦察与打击机（UCLASS）计划。

研发历史

美国海军自 2006 年起开始研发新一代的舰载无人加油机。UCLASS 计划原先希望设计出具备突防能力的隐身打击载具。2012 年后，该计划的目标转为研发一种以情报侦察为导向的空中载具，以快速投入低强度的反恐行动。2016 年 2 月 1 日，在经过许多关于 UCLASS 该负担打击还是侦察任务的争论后，美军决定将计划订为开发一种 F/A-18 "超级大黄蜂" 战斗 / 攻击机大小的舰载无人加油机（CBARS），并具有一定程度的情报侦察、通信中继与打击能力。2016 年 7 月，该计划被正式命名为 MQ-25 "刺鳐"。

2019 年 4 月，第一架 MQ-25 试验机从波音公司位于圣路易斯兰伯特国际机场的工厂飞到与斯科特空军基地相连的美国圣路易斯机场。通过美国联邦航空总署（FAA）的认证后，该原型机开始进行更密集的测试飞行。美国海军计划于 2021 年 10 月 1 日正式成立第十舰载多用途无人机中队（VUQ-10）。该中队将展开人员训练，并接收第一批量产型 MQ-25 无人机。

性能解析

MQ-25 无人机采用 1 台推力为 44 千牛的罗尔斯·罗伊斯 AE 3007 发动机，

基本参数	
制造商	波音
机身长度	16 米
机身高度	3.4 米
翼展	23 米
空重	4 500 千克
最大航程	930 千米

这款发动机同时也被安装在美国海军 MQ-4C "海神" 无人机上。虽然 MQ-25 无人机的隐身效果没有飞翼构型的无人机好，但它的机身仍具有一定的隐身性，并采用了低可探测性的进气道与 V 形尾翼。MQ-25 无人机能够在航空母舰上操纵，利用弹射起飞和电缆着陆系统。美国海军的目标是每架 MQ-25 无人机能够在 500 海里（930 千米）的范围内向 4 架至 6 架飞机提供 6 800 千克的总燃料。

MQ-25 无人机放出加油软管

美国海军基地中的 MQ-25 无人机

美国 RQ-170 "哨兵" 无人机

RQ-170 无人机是由美国洛克希德·马丁公司研制的隐形无人侦察机，绰号"哨兵"。

研发历史

21 世纪初，美国国防部决心研发一种隐形无人机，以避免涉密装备和机组乘员落入其他国家。RQ-170 无人机正是在这种背景下诞生的，它由洛克希德·马丁公司著名的"臭鼬"工厂设计，与之前的一些隐形无人机在设计上有相似之处。RQ-170 于 2007 年开始服役，因首次露面是在阿富汗的坎大哈国际机场，所以被称为"坎大哈野兽"。

基本参数	
制造商	洛克希德·马丁
机身长度	4.5 米
机身高度	2 米
翼展	20 米
最大起飞重量	3 856 千克
实用升限	15 240 米

性能解析

RQ-170 无人机沿用了"无尾飞翼式"的设计理念，其外形与 B-2 隐形轰炸机相似，如同一只回旋飞镖。与 F-117A 隐形战斗机和 B-2 隐形轰炸机不同的是，RQ-170 的机翼并没有遮蔽排气装置，这样做的目的可能是避免敏感部件进入飞机平台后遭遇操作损失并导致技术误入他人之手。

由于美国军方尚未完全公开 RQ-170 无人机的信息，因此外界对其作战性能知之甚少。根据公开来源的图像，航空专家估计 RQ-170 无人机配备了光电/红外传感器，机身腹部的整流罩上还可能安装有主动电子扫描阵列雷达。机翼之上的 2 个整流罩装备了数据链，机身腹部和机翼下方的整流罩安装了模块化负载，从而允许无人机实施武装打击并执行电子战任务。另外，RQ-170 无人机甚至可能配备了高能微波武器。

RQ-170 无人机在高空飞行

RQ-170 无人机前方视角

美国 X-37B 无人机

X-37B 无人机是由美国波音公司研制的世界上第一架既能在地球轨道上飞行、又能进入大气层的无人航空器。

研发历史

1998 年，美国国家航空航天局的马歇尔研究中心提出了 "Future-X" 计划，其结果就是 X-37A 无人机。2006 年 11 月，美国空军宣布将在 X-37A 无人机的基础上研发 X-37B 无人机。2010 年 4 月 22 日，X-37B 无人机进行了首次轨道试验。

基本参数	
制造商	波音
机身长度	8.9 米
机身高度	2.9 米
翼展	4.5 米
空重	3500 千克
最大起飞重量	4 990 千克
轨道时速	28 044 千米/时

性能解析

X-37B 无人机有多种发射方式，它不仅能够被装在 "宇宙神" 火箭的发射罩内发射，也可从佛罗里达的卡纳维拉尔角起飞。X-37B 无人机在绕地球飞行之后，能够自行在美国加利福尼亚州降落，它可以在范登堡空军基地长 4 600 米、宽 61 米的跑道着陆，该基地也是航天飞机的紧急着陆场。另外，它还可以在爱德华兹空军基地着陆。

X-37B 无人机的体积虽小，但功能齐全，有一个与航天飞机相似的背部载荷舱，尺寸与皮卡车的后货箱相当，这是 X-37B 无人机的一个显著亮点，其载荷重量为 1490 千克，内置货舱可以搭载小型机械臂，抵达轨道后可展开轨道作业，如抓取敌方在轨卫星、破坏航天器、释放小型载荷等。为了满足 X-37B 无人机的在轨能源需求，还配备了太阳能电池板，可提供不间断的电力供应。

X-37B 无人机侧前方视角

X-37B 无人机侧面视角

美国 X-45 无人机

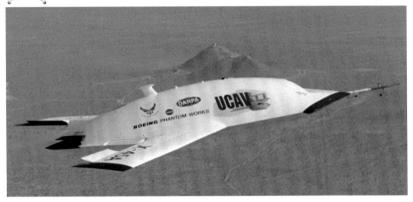

X-45 无人机是美国国防部高级研究计划局和美国空军联合提出的一项先期概念演示计划，2002 年首次试飞成功。

研发历史

X-45 无人机的主要任务是用来验证无人作战飞机的技术可行性，以更快、更高效地应对 21 世纪的全球突发性事件。1999 年，波音公司得到了一份试验性合同，为美国空军生产 2 架 X-45A 技术演示机。2002 年 5 月，第一架 X-45A 首次试飞。2003 年，后继型 X-45B 没有进入实质性的研制阶段就被取消，取而代之的是更大、更重的 X-45C。

基本参数	
制造商	波音
机身长度	8.08 米
机身高度	2.14 米
翼展	10.3 米
空重	3 630 千克
最大起飞重量	6 800 千克
最高时速	919 千米 / 时
最大航程	2 405 千米
实用升限	13 200 米

性能解析

X-45 无人机具有低探测、维护方便、执行任务费效比高等诸多优点。该机的飞行寿命为 10 年，爬升时加速度可达 20G（载人战斗机通常只能达到 8G），最大飞行速度可达 15 马赫。整架无人机能够装入一个长方形容器内，1 架 C-5 "银河" 运输机可以装运 12 个该类容器。

X-45 无人机配备了包括合成孔径雷达和卫星通信设备在内的所有当代最先进的航空电子设备，并在机身下装有 2 个挂架，能够挂载炸弹、诱饵弹、精确制导和智能武器等，总载弹量为 1 360 千克。

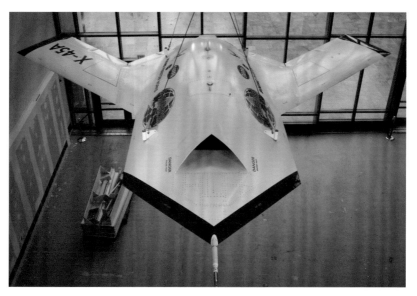

X-45 无人机前方视角

仰视 X-45 无人机

美国 X-47A "飞马" 无人机

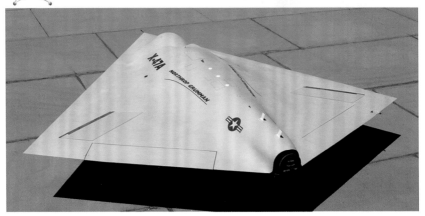

X-47 无人机是由诺斯罗普·格鲁曼公司研制的试验型无人战斗机，绰号 "飞马"。

研发历史

X-47 无人机最初是美国国防高等研究计划署（DARPA）旗下的 "联合无人空中战斗系统"（J-UCAS）项目的一部分，但之后转变成美国海军的无人空中战斗系统示范计划（UCAS-D）的一部分，该项目旨在开发一种可在航空母舰上起降的海基无人飞行器。2003 年 2 月 23 日，首架 X-47A 的初期版本首次试飞。

性能解析

基本参数	
制造商	诺斯罗普·格鲁曼
机身长度	8.5 米
机身高度	1.86 米
翼展	8.465 米
空重	1 740 千克
最大起飞重量	2 678 千克
巡航速度	1 103 千米/时
最大航程	2 778 千米
实用升限	12 192 米

X-47A 无人机的外形比较奇特，采用了一种具有低可探测性的后掠角很大的飞翼设计方案，和美国空军的 B-2 "幽灵" 轰炸机有一定的相似之处。该机装有 1 台普惠 JT15D-5C 涡扇发动机，最大推力为 14.2 千牛，发动机进气口位于机身上方前部。在首次试飞时，X-47A 无人机的飞行高度超过 1 000 米，飞行速度为 241 千米/时。在飞行了 12 分钟后，精确地降落在模拟航空母舰甲板上专门 "抓住" 降落飞机尾钩的一个挂点处。

展览中的 X-47A 无人机

X-47A 无人机起飞

美国 X-47B "咸狗" 无人机

X-47B 无人机是由诺斯罗普·格鲁曼公司研制的试验型无人战斗机，目前项目已被终止。

研发历史

2011 年 2 月 4 日，X-47B 无人机在爱德华兹空军基地完成首次试飞测试。2013 年 5 月 14 日，X-47B 无人机在"布什"号航空母舰上成功地进行了起飞测试。同年 7 月 10 日，X-47B 完成着舰测试。2016 年 5 月初，美国国防部公布了 2017 年度预算案，"舰载监视与攻击无人机"（UCLASS）项目被调整为"舰载无人空中加油系统"

基本参数	
制造商	诺斯罗普·格鲁曼
机身长度	11.63 米
机身高度	3.1 米
旋翼直径	18.92 米
空重	6 350 千克
最大起飞重量	20 215 千克
巡航速度	1 103 千米/时
最大航程	3 889 千米
实用升限	12 190 米

（CBARS）项目，这意味着作为空中作战平台的 X-47B 无人机项目将被终止，取而代之的是带有 X-47B 血统的舰载无人加油机。

性能解析

X-47B 无人机的时速只有 0.9 马赫左右，载荷能力不到 2 吨，作战半径为 3 700 千米，而美军一直没有为 X-47B 无人机量身定做出小型化、精度高、威力足够的配套武器。在这种情况下，X-47B 无人机能勉强执行远程情报收集、监视和侦察任务，但无法完成远程对地攻击任务。此外，X-47B 无人机的打击效能也备受质疑。

X-47B 无人机在高空飞行

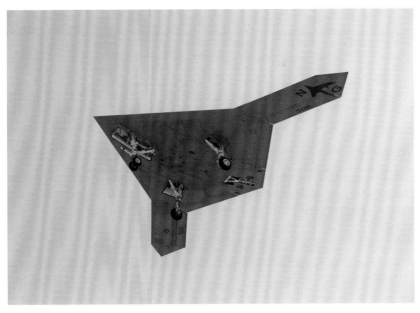

仰视 X-47B 无人机

美国 X-48 无人机

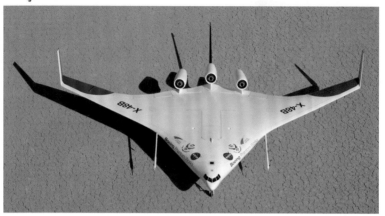

X-48 无人机是由美国国家航空航天局与波音公司联合研制的试验型无人机，采用翼身融合体设计方案。

研发历史

X-48 无人机是继 X-47 舰载无人机和 X-37 太空无人机后，美军开发的另一款极为重要的新概念无人机。2007 年初，波音公司正式启动 X-48 无人机项目，并在美国国家航空航天局兰利研究中心进行了风洞实验。同年 7 月 20 日，X-48 无人机首次试飞。2009 年 8 月，美国国家航空航天局与波音公司首次公开展示

基本参数	
制造商	波音
机身长度	10.7 米
机翼面积	9.2 平方米
翼展	6.22 米
空重	227 千克
最高时速	219 千米 / 时
最大航程	218 千米
实用升限	3 048 米

X-48 无人机。该机主要有 X-48A、X-48B 和 X-48C 三种型号。其中，X-48A 因美国国家航空航天局的预算削减而未进行试飞，仅留下一些数据供 X-48B 使用。X-48C 是 X-48 系列无人机的最终型号，该机具有静音、隐身等诸多优势。

性能解析

X-48 无人机被设计用来研究翼身融合飞行器的特性，与常规飞行器相比，采用翼身融合体设计的 X-48 无人机具有更好的结构强度、更远的航程和更低的飞行成本，在军事领域的应用潜力十分巨大，美国空军希望将此类飞机作为加油机、运输机、指挥控制机或多用途飞机使用。

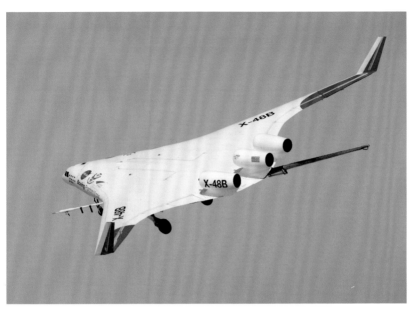

X-48 无人机在高空飞行

仰视 X-48 无人机

美国 X-51 "乘波者" 无人机

X-51 无人机是美国空军研究实验室与国防高级研究计划局联合主持研制的高超音速试验机，绰号"乘波者"。

研发历史

20 世纪 90 年代，美国空军研究实验室开展了一项名为"HyTECH"的超音速燃烧冲压发动机计划，并与普惠公司签署了一份关于研发一种超音速燃烧冲压发动机的合同，同时选择波音公司负责机体的制造。其中"HyTECH"

基本参数	
制造商	波音、普惠
机身长度	7.62 米
空重	1 814 千克
最高时速	6 200 千米 / 时
最大航程	740 千米
实用升限	21 300 米

计划所研制的 SJX61 发动机最初是为 X-43 试验机而设计，然而 X-43 试验机的后续开发被中止，于是改为用于 X-51，因此 X-51 项目可以看作 X-43 项目的替代方案。2010 年 5 月 26 日，X-51 无人机完成了 5 倍音速飞行试验。

性能解析

X-51 无人机采用的"乘波体"技术是一种特殊的飞行机制，与普通飞机采用机翼产生升力的机制截然不同，其特别适于在大气层边缘以高超音速飞行，具有不可估量的军事威慑力。亚轨道高超音速飞行器的飞行轨迹不可预测，没有规律可循，可供拦截的时机也稍纵即逝，拦截难度极大。

X-51 无人机由 1 台 JP-7 碳氢燃料超燃冲压发动机推动，设计飞行速度在 6 ~ 6.5 马赫。这个计划的终极目标就是要发展一种比美国武器库中任何一种导弹的速度都要快 5 倍以上，可以在 1 小时内攻击地球任意位置目标的新武器。X-51 无人机的突防能力极强，现有防空武器对它的威胁极小。

机库中的 X-51 无人机

B-52 轰炸机携带的 X-51 无人机

美国 A160 "蜂鸟" 无人机

A160 "蜂鸟" 无人机是由美国波音公司研制的垂直起降无人机，于 2002 年首次试飞成功。

研发历史

1998 年年初，美国国防高级研究计划局与边界航空公司（后被波音公司收购）开始合作开发一种无铰链刚性旋翼概念机，即 A160 "蜂鸟" 无人机。2002 年 1 月 29 日，A160 "蜂鸟" 无人机在南加州后勤机场成功进行了首次水平直线飞行，但自从 2003 年两架原型机中的一架在试飞时落地坠毁后，就再也没有继续飞行试验，直到 2004 年 10 月才恢复试验。

基本参数	
制造商	波音
机身长度	10.7 米
旋翼直径	11 米
空重	1 134 千克
最大起飞重量	2 948 千克
最高时速	258 千米 / 时
最大航程	4 630 千米
实用升限	9 150 米

性能解析

A160 "蜂鸟" 无人机采用内燃发动机而不是涡轮发动机，这种发动机能使旋翼在飞机燃油、外部条件、有效载荷和飞行高度达到最优的情况下运转，而且噪声也相对减弱。A160 "蜂鸟" 无人机可以高效地进行小马力巡航，续航能力较强。

A160 "蜂鸟" 无人机装有超高频、可穿透树叶的实时移动目标指示 / 合成孔径雷达，在风力较小的气象条件下，该雷达的探测距离超过 30 千米。借助这种雷达，A160 "蜂鸟" 无人机可用于监视敌方车辆和隐蔽在树林中的部队，以及低空飞行的飞机，如直升机和超轻型飞机。A160 "蜂鸟" 无人机的设计航程超过 4 630 千米，续航时间为 30 ～ 40 小时，模块化有效负载设计达到了 454 千克，这些在无人驾驶直升机史上是前所未有的。

俯视 A160 "蜂鸟" 无人机

侧视 A160 "蜂鸟" 无人机

美国 D-21 无人机

D-21 无人机是由美国洛克希德公司研制的无人侦察机，用于取代 A-12 高空侦察机。

研发历史

D-21 无人机从 1962 年 10 月开始研发，保密代号为"标签板"，原本称为洛克希德 Q-12 设计方案。最初，"标签板"项目由美国中央情报局的"黑色项目经费"支持。后来美国空军认为将来可以使用这种无人驾驶飞机向遥远的敌方纵深地带空投核弹，所以对这种飞机的设计充满兴趣，也积极参与进来，与中央情报局共同出资。

基本参数	
制造商	洛克希德
机身长度	12.8 米
机身高度	2.14 米
翼展	5.79 米
空重	5 000 千克
最高时速	3 560 千米 / 时
最大航程	5 550 千米
实用升限	29 000 米

1964 年 12 月 22 日，D-21 无人机首次试飞成功。1969 年，D-21 无人机开始服役。

性能解析

D-21 无人机采用了当时世界上最先进的整体式冲压发动机，速度高达 3 560 千米 / 时，升限高达 29 000 米。在 20 世纪 70 年代初期，任何防空武器（包括美国自身在内）都无法击落该机。D-21 无人机的使用方式是：先由大型飞机（母机）携带飞行，在靠近对方防空严密地带的公海上空由母机释放；无人机离开携带母机后，利用自身的冲压发动机以超过 3 马赫的速度飞向遥远的目标地区；无人机上的侦察系统自动工作；情报收集之后，无人机将飞回出发点的公海上空，在指令控制下，在指定地点空投装有照相胶卷的密封回收舱，然后飞机自毁坠落大海。

由大型飞机携带的 D-21 无人机

D-21 无人机侧前方视角

美国 SR-72 无人机

SR-72 无人机是美国洛克希德·马丁公司于 2007 年提出的新型战略隐身多用途无人机概念，集情报收集、侦察、监控、打击等诸多功能于一体。

研发历史

自冷战初期，美国就已经开始着手研制超音速战略侦察机的工作，希望以极快的速度躲避来自防空导弹的威胁。1966 年，SR-71 "黑鸟"侦察机开始服役，被视为全球第一种服役的隐身战机和超音速战略侦察机。该机在实战中从未被击落，并且至今仍然保持着世界上有人驾驶的最快飞机纪录。然而，SR-71 侦察机的造价高昂，美国只生产了 32 架，再加上 20 世纪末美国国防预算调整、反卫星武器等技术发展，使 SR-71 侦察机在 1999 年退役。此后，洛克希德·马丁公司一直在寻求 SR-71 侦察机的接替者。

基本参数	
制造商	洛克希德·马丁
最高时速	7 344 千米 / 时（计划）

2007 年，媒体透露洛克希德·马丁公司正在为美国空军研发一种可达六倍音速的飞机，被外界视为 SR-72 无人机，然而来源未经证实。直至 2013 年 11 月 1 日，洛克希德·马丁公司的臭鼬工厂在其出版的周刊中正式证实 SR-72 无人机的存在，受到公众的关注。根据计划安排，SR-72 无人机的测试工作将持续至 2023 年。

性能解析

为了达到高超音速，洛克希德·马丁公司自 2006 年起便一直与洛克达航空发动机公司展开合作，希望开发出一种适合 SR-72 无人机的发动机。洛克达航空发动机公司的 HTV–3X 项目中的超音速燃烧冲压发动机虽然因为国防预算所限已在 2008 年被取消，但却成为 SR–72 无人机所设想的高超音速推进系统，该系统可产生 6 倍音速的推力，足以让 SR–72 无人机完成 6 马赫的飞行。目前，关于 SR–72 无人机的相关细节仍然很少，但可以确定 SR–72 无人机将继承 SR–71 侦察机的特点并且有着优于 SR–71 侦察机的能力，如隐身、高超音速和高空侦察能力。

高速飞行的 SR–72 无人机（假想图）

SR–72 无人机向高空爬升（假想图）

美国 K-MAX 无人机

K-MAX 无人机是由美国卡曼航空公司研制的无人货运直升机，采用全自动 GPS 制导。

研发历史

K-MAX 无人机的原型是卡曼航空公司于 20 世纪 90 年代研制的 K-MAX 起重直升机。21 世纪初，卡曼航空公司与洛克希德·马丁公司合作，将 K-MAX 起重直升机改装为具有自动操纵或遥控操作能力的无人货运航空系统，用于执行战场作战物资补给任务。2011 年 12 月 17 日，K-MAX 无人机完成首次无人直升机货运任务。此次任务中，K-MAX 无人机采用吊索的形式，装载了一定数量的武器弹药和战场急救用品。在完成货运试验后，K-MAX 无人机被部署在阿富汗。

基本参数	
制造商	卡曼航空
机身长度	15.8 米
机身高度	4.14 米
旋翼直径	14.71 米
空重	2 334 千克
最大起飞重量	5 400 千克
最高时速	185 千米 / 时
最大航程	495 千米
实用升限	4 600 米

性能解析

K-MAX 无人机采用的交替双桨布局为共轴双桨布局的一个变种，这种布局对桨叶数量有限制，通常为两片桨叶，所以一般用于尺寸不大的直升机。与其他旋翼无人机相比，K-MAX 无人机拥有更高的飞行高度和更大的有效载荷。该机有 4 个挂钩，能将更多的货物运送到更远的地点。

K-MAX 无人机保留了有人操作模式，可以更灵活地完成有人操作、转场、快速整合新设备等任务，并可快速回厂保养。K-MAX 无人机由全自动 GPS 制导，不受飞行时间的限制，能够在夜间执行物资补给任务。该机能够携带 3.5 吨重的物资连续飞行 400 千米以上，适合在复杂的山区环境下使用。

K-MAX 无人机起飞

K-MAX 无人机正在吊运物资

美国 BQM-74 "石鸡" 无人机

BQM-74 无人机是由美国诺斯罗普·格鲁曼公司研制的亚音速靶机，绰号"石鸡"。

研发历史

BQM-74 系列靶机最早于 1966 年问世，E 型机在 1993 年开始进入美国海军服役，用于模拟反舰巡航导弹和飞机的攻击，为舰队训练反舰防空武器系统提供目标，可在地面、海上或空中发射，使用灵活，并可重复使用。BQM-74 系列靶机不但供美军使用，也出口到其他国家，包括英国、德国、希腊、意大利、荷兰、沙特阿拉伯、西班牙和日本等。

基本参数	
制造商	诺斯罗普·格鲁曼
机身长度	3.94 米
机身高度	0.71 米
翼展	1.76 米
空重	123 千克
最大起飞重量	249 千克
最高时速	972 千米 / 时
续航时间	1 小时 8 分钟
实用升限	12 000 米

性能解析

BQM-74 无人机装有威廉姆斯国际公司的 WR-24-8 涡轮喷气发动机，额定推力为 1.1 千牛。该机的飞行速度在 370 ～ 972 千米 / 时，海平面最高时速可达 990 千米 / 时，飞行高度为 3 ～ 12 000 米，最大射程可达 963 千米，射程延长型更可达 1 185 千米。BQM-74 无人机的滞空时间为 1 小时 8 分钟。

美国海军正在回收 BQM-74 无人机

BQM-74 无人机及其发射架

美国"蚊蚋"750无人机

"蚊蚋"750无人机是由美国通用原子技术公司研制的无人侦察机。

研发历史

  "蚊蚋"750无人机的前身是美国领先系统集成公司于20世纪80年代研制的"琥珀"无人机，后者在1990年被终止发展，而领先系统集成公司也被通用原子技术公司收购。在被收购之前，领先系统集成公司已经开始研制"琥珀"无人机的简化型——用于出口的"蚊蚋"750无人机，并于1989年首次试飞。此后，"蚊蚋"750项目由通用原子技术公司继续研制，并在1993年获得土耳其政府的小批订单，而美国中央情

基本参数	
制造商	通用原子技术
机身长度	5米
机身高度	0.75米
翼展	10.75米
空重	250千克
最大起飞重量	517千克
最高时速	192千米/时
最大航程	2 200千米
实用升限	7 600米

报局也采用了"蚊蚋"750无人机。美国国家航空航天局也曾使用两架名为"阿尔特斯"的"蚊蚋"750衍生型进行高空研究，该机与"蚊蚋"750无人机相似，但机身不同，机翼也更长。

性能解析

  "蚊蚋"750无人机采用低置直翼、倒V形垂尾、收放式起落架和推进式螺旋桨，整体布局与"琥珀"无人机类似。"蚊蚋"750无人机比"琥珀"无人机的体积更大，但重量更轻，有效载荷更大。"蚊蚋"750无人机的动力装置为1台罗塔克斯912型（ROTAX 912）水平对置四缸四冲程发动机，功率为64千瓦。根据美国中央情报局的使用经验，"蚊蚋"750无人机的软件存在缺陷，在遥控操纵上存在问题，并易受恶劣天气和复杂地形的影响。

"蚊蚋" 750 无人机在高空飞行

美国国家航空航天局使用的 "蚊蚋" 750 无人机衍生型

美国"复仇者"无人机

"复仇者"无人机是由美国通用原子技术公司研制的隐身无人战斗机。

研发历史

"复仇者"无人机是在 MQ-9"收割者"无人机的基础上，为满足美国未来空战需求而研制开发的新型无人机。该机最初的研制代号为"捕食者 C"。原型机于 2009 年 4 月进行了首次试飞。

性能解析

"复仇者"无人机体积庞大，有效载荷为

基本参数	
制造商	通用原子技术
机身长度	13.2 米
翼展	20.1 米
最大起飞重量	9 000 千克
最高时速	740 千米 / 时
续航时间	20 小时
实用升限	15 240 米

1.36 吨，动力装置为推力 17.75 千牛的普惠 PW545B 涡轮风扇发动机。该发动机可让"复仇者"无人机的飞行速度达到 MQ-1"捕食者"无人机的 3 倍以上。除飞行速度大幅提升外，"复仇者"无人机的隐身能力、战术反应能力也有较大的改进。

"复仇者"无人机有 1 个长达 3 米的武器舱，可携带 227 千克级炸弹，包括 GBU-38 型制导炸弹制导组件和激光制导组件。也可以将武器舱拆掉后安装 1 个半埋式广域监视吊舱。在执行非隐身任务时，可在无人机的机身和机翼下挂装武器和其他任务载荷，包括附加油箱等。

"复仇者"无人机

"复仇者"无人机

美国"扫描鹰"无人机

"扫描鹰"无人机是由美国波音公司和因西图公司联合研制的无人侦察机。

研发历史

因西图公司是华盛顿州宾根的一家小公司，它与美国海军和海军陆战队签署了一份情报、监视与侦察服务合同。"扫描鹰"无人机就是根据这个合同进行研制的。波音公司作为主要的承包商，与因西图公司和其他两家未透露名字的公司进行了技术合作。

性能解析

基本参数	
制造商	波音、因西图
机身长度	1.19 米
翼展	3.1 米
空重	15 千克
最高时速	80 千米/时
续航时间	20 小时以上
实用升限	4 876 米

整个"扫描鹰"系统包括 2 架无人机、1 个地面或舰上控制工作站、通信系统、弹射起飞装置、回收装置和运输贮藏箱。"扫描鹰"无人机通过气动弹射发射架发射升空，既可按预定路线飞行，也可由地面控制人员遥控飞行。

"扫描鹰"无人机可以将机翼折叠后放入运输贮藏箱，从而降低了运输难度。机上的数字摄像机可 180°自由转动，具有全景、倾角和放大摄录功能，也可装载红外摄像机进行夜间侦察或集成其他传感器。

怀抱"扫描鹰"无人机的美国海军人员

"扫描鹰"无人机弹射起飞

美国"幻影线"无人机

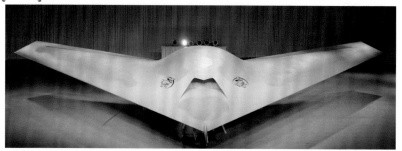

"幻影线"无人机是由美国波音公司研制的无人侦察机。

研发历史

　　"幻影线"无人机是从 X-45C 项目演变而来的，波音公司希望将其打造成未来航空科技发展的试验平台。2010 年，波音公司在圣路易斯为这种新型无人机举行了隆重的揭幕仪式。2011 年 4 月 27 日，"幻影线"无人机首次试飞成功。该项目负责人丹尼斯·穆林伯格指出，作为未来尖端科技的试验平台，"幻影线"无人

基本参数	
制造商	波音
机身长度	11 米
翼展	15 米
最大起飞重量	16 556 千克
巡航速度	988 千米 / 时
最大航程	2 414 千米
实用升限	12 192 米

机可为军事行动提供包括情报收集、监视、侦察、压制敌方防空火力，实施电子攻击和自主空中加油等多种战术支持。

性能解析

　　"幻影线"无人机采用典型的翼身融合和飞翼式布局设计，其最大亮点在于隐身性能。在外形上，"幻影线"无人机并没有传统飞机的水平尾翼和垂直尾翼，机身和机翼已高度融合在一起，这就大大减少了飞机整体的雷达反射截面。为了提高隐身性能，"幻影线"无人机的发动机被放置于机翼的上方，且进气口和喷气口都深置于机翼之内，使雷达波难以照射。机翼后部形成了一个"W"形，可使来自飞机后方的探测雷达波无法反射回去。这些精细的外观与结构设计加上隐身材料的运用，可使"幻影线"有效地躲避敌方雷达的预警与监视，避免遭袭。此外，"幻影线"无人机的工作高度可达 12 192 米，比正常的商业飞机高出近 3 000 米。

由喷气式客机运载的"幻影线"无人机

"幻影线"无人机正面视角

美国"弹簧刀"无人机

"弹簧刀"无人机是由美国航宇环境公司研制的小型无人机，可执行侦察和攻击任务。

研发历史

"弹簧刀"无人机于 2009 年完成研制工作，2012 年开始服役，主要用户为美国陆军和海军陆战队。该机既可实施侦察监视，又可以较小的威力对单人目标执行精确杀伤，从而避免了现有无人机发射大威力导弹容易殃及无辜的缺点。

基本参数	
制造商	航宇环境
空重	2.5 千克
最高时速	157 千米 / 时
最大航程	10 千米
实用升限	4 572 米

性能解析

"弹簧刀"无人机体积较小，重量较轻，能装入步兵背包。该机可由小型弹射器发射，然后依靠电池动力飞行，借助机体内安装的监视设备对地面移动目标实施跟踪监控。"弹簧刀"无人机还装有 1 枚小型炸弹，一旦操作者锁定目标"弹簧刀"就会收起机翼，变身为 1 枚小型巡航导弹，直接撞向目标引爆炸弹，与目标同归于尽。美军认为，使用"弹簧刀"无人机能显著地削弱敌方火力，如攻击狙击手、机枪和迫击炮阵地等，而且"弹簧刀"无人机的附带伤害小，尤其适于城市作战。

美军士兵发射"弹簧刀"无人机

展览中的"弹簧刀"无人机

以色列"侦察兵"无人机

"侦察兵"无人机是由以色列航空工业公司研制的无人侦察机。

研发历史

"侦察兵"无人机在1982年以色列军队发动的"加利利和平"行动中以及战后都有使用，用于在叙利亚和黎巴嫩上空进行侦察。除以色列外，"侦察兵"无人机还曾出口到南非和瑞士等国。

性能解析

"侦察兵"无人机可以利用起落架起飞，也可弹射起飞，使用拦阻索着陆。制导和控制采用预储存程序和地面遥控组合形式。搭载的设备包括塔曼电视摄像机、激光指示/测距仪、全景照相机和热成像照相机等。

基本参数	
制造商	以色列航空工业
机身长度	3.68 米
翼展	4.96 米
有效载荷	38 千克
最大起飞重量	159 千克
最高时速	176 千米/时
续航时间	7 小时
最大航程	100 千米
实用升限	4 575 米

"侦察兵"无人机的机体采用大量复合材料制造，在1 600米上空盘旋时，地面人员无法通过肉眼发现，该机还有噪声处理装置，加上飞行速度较快，所以隐蔽性能非常优秀。

仰视"侦察兵"无人机

"侦察兵"无人机侧前方视角

以色列"先锋"无人机

"先锋"无人机是由以色列航空工业公司研制的小型无人机。

研发历史

"先锋"无人机是以色列航空工业公司吸取"侦察兵"和"猛犬"两种小型无人机的使用经验后研制的新型无人机。美国海军航空系统司令部于 1986 年购买了该系统，供美国海军和海军陆战队使用。海湾战争期间，"先锋"无人机首次投入实战。

性能解析

"先锋"无人机的机身大部分采用复合材料制成，其雷达反射面积很小，不易被敌方雷达发

基本参数	
制造商	以色列航空工业
机身长度	4 米
机身高度	1 米
翼展	5.2 米
空重	205 千克
燃料容量	47 升
最高时速	200 千米 / 时
最大航程	925 千米
实用升限	4 600 米

现。该机可利用气动滑轨弹射或液体火箭助推器发射起飞，回收则依靠舰上拦阻网。"先锋"无人机的负载可根据环境和任务而定，通常白天可携带 1 台微光电视摄像机，夜间换为红外夜视仪。这两种设备均配有变焦镜头，并由飞机自动控制。

"先锋"无人机的图像可以直接传输给那些配备有远距接收站的地面部队，为其提供图像数据。伊拉克战争中，"先锋"无人机很好地支援了海军陆战队第一师从科威特向巴格达挺进，该机的传感器有效载荷装备了彩色日光电视，使分析员更容易识别目标，它提供的视频图像比美国空军"捕食者"无人机的更清晰。

美国海军装备的"先锋"无人机

"先锋"无人机起飞

以色列"哈比"无人机

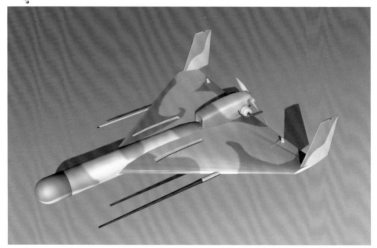

"哈比"无人机是由以色列航空工业公司研制的无人攻击机，主要用于反雷达。

研发历史

"哈比"无人机1997年在法国巴黎航展首次公开露面，除装备以色列空军外，韩国于2000年耗资5 200万美元从以色列引进了100架"哈比"无人机。此外，土耳其和印度也有装备。

性能解析

"哈比"无人机采用三角形机翼，活塞推动，火箭加力。机上配有计算机系统、红外制导弹头和全球定位系统等，并用软件对打击目标进行排序。该机有航程远、续航时间长、机动灵活、反雷达频段宽、智能程度高、生存能力强和可以全天候使用等特点。

基本参数	
制造商	以色列航空工业
机身长度	2.7 米
机身高度	0.36 米
翼展	2.1 米
空重	135 千克
最高时速	185 千米/时
最大航程	500 千米
实用升限	3 000 米

"哈比"无人机可以从卡车上发射，并沿着预先设定的轨道飞向目标，然后发动攻击并返回基地。如果发现陌生雷达，"哈比"无人机可撞击目标，与之同归于尽，其搭载的32千克高爆炸药可有效地摧毁雷达设施。

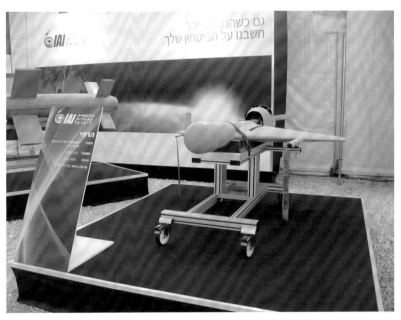

展览中的"哈比"无人机

"哈比"无人机前方视角

以色列"搜索者"无人机

　　"搜索者"无人机是由以色列航空工业公司研制的一款性能先进的无人侦察机，改进型为"搜索者"Mk 2。

研发历史

　　"搜索者"无人机于 1992 年投入使用，改进型"搜索者"Mk 2 属于以色列第四代无人机系统，1998 年正式面世。同年，"搜索者"Mk 2 无人机就坠毁了 4 架。以色列国防军发言人称，由于"搜索者"无人机出动频率高，所以相对而言坠毁数量并不算多。

性能解析

基本参数	
制造商	以色列航空工业
机身长度	5.85 米
机身高度	1.25 米
翼展	8.54 米
空重	500 千克
有效载荷	68 千克
最高时速	200 千米 / 时
续航时间	18 小时
实用升限	6 100 米

　　由于"搜索者"无人机的动力装置是单桨推进的发动机，功率较低，所以其飞行高度受到限制。该机可采用轮式起飞方式，也可以气压动力弹射起飞或火箭助推起飞。飞行中可按预编程序飞行或在操作员控制下半自主制导。"搜索者"Mk 2 无人机采用后掠机翼，发动机、通信系统和导航系统也比最初型号有所改进，因此具有良好的空气动力学性能，滞空时间长，操作起来也非常方便。"搜索者"Mk 2 无人机的飞行高度超过 6 000 米，续航时间达 18 小时，可携带 1 200 毫米的彩色 CCD 视频摄像机进行昼间侦察，也可使用红外热像仪进行夜间侦察。

"搜索者"无人机前方视角

展览中的"搜索者"Mk 2无人机

以色列"苍鹭"无人机

"苍鹭"无人机是由以色列空军装备的大型无人机。

研发历史

"苍鹭"无人机由以色列航空工业公司的马拉特子公司研制，研制计划始于1993年年底，并于第二年10月进行了第一架原型机的首次试飞。澳大利亚曾租用"苍鹭"无人机用于阿富汗作战，以支持部署在阿富汗的国际安全援助部队。除澳大利亚外，法国和德国也曾在阿富汗使用"苍鹭"无人机执行任务。

性能解析

基本参数	
制造商	以色列航空工业
机身长度	8.5 米
翼展	16.6 米
有效载荷	250 千克
最大起飞重量	1 150 千克
最高时速	207 千米/时
续航时间	52 小时
实用升限	10 000 米
爬升率	150 米/分

"苍鹭"无人机主要用于执行实时监视、电子侦察和干扰、通信中继和海上巡逻等任务。它可以携带光电/红外雷达等侦察设备进行搜索、识别和监控，在民用方面还可以进行地质测量、环境监测、森林防火等。

"苍鹭"无人机采用复合材料、整体油箱机翼、可收放式起落架、大型机舱，其电源系统功率大，传感器视野较好。动力装置为1台四冲程活塞发动机，功率为74.6千瓦。该机装有大型监视雷达，可同时跟踪32个目标。"苍鹭"无人机采用轮式起飞和着陆方式，飞行则由预先编好的程序控制。

"苍鹭"无人机在高空飞行

"苍鹭"无人机准备起飞

以色列"哈洛普"无人机

"哈洛普"无人机是由以色列航空工业公司研制的无人攻击机，主要用于攻击敌方雷达。

研发历史

"哈洛普"无人机是在"哈比"无人机基础上发展而来的，能从地面车辆、水面舰艇等多种作战平台发射。2005年，以色列航空工业公司在巴黎航展正式推出"哈洛普"无人机，并迅速从土耳其得到首份订单。2007年8月，

基本参数	
制造商	以色列航空工业
机身长度	2.5米
翼展	3米
最大起飞重量	135千克
续航时间	6小时
最大航程	1 000千米

印度国防部与以色列航空工业公司就引进"哈洛普"无人机事宜进行谈判。2年后，印度以1亿美元的价格引进10套"哈洛普"无人机。

性能解析

与目前广泛用于侦察、通信的无人机不同，"哈洛普"集无人侦察机、制导武器和机器人技术于一体，是一种能通过接收和分析电磁波发现敌方雷达站或通信中心并将其摧毁的武器系统。"哈洛普"系统由两大部分组成：一是用于攻击的无人机；二是用于运输和遥控的发射平台。

"哈洛普"系统的基本火力单元由18架无人机、1辆地面控制车、3辆发射车和辅助设备组成。每辆发射车装有6个发射箱，按照2层3排固定安装，每个箱内装有1架"哈洛普"无人机。整套系统具有良好的机动性和隐蔽性，能根据作战需要迅速转移并展开发射，可以在苛刻的战场条件下使用。由于机体表面涂有能吸收电磁波的复合材料，且红外特征也不明显，"哈洛普"无人机

在 2 000 米高度飞行时，几乎不会被雷达和光电探测设备发现。

"哈洛普"无人机在高空飞行

"哈洛普"无人机侧面视角

以色列"埃坦"无人机

"埃坦"无人机是由以色列航空工业公司研制的无人侦察机，又称"苍鹭" TP 无人机。

研发历史

"埃坦"无人机是在"苍鹭"中空长航时无人机基础上发展而来，研发历时近十年时间。早在 20 世纪 90 年代末，以色列空军根据使用经验和作战需求，希望发展一种具有更大载荷能力、更高飞行高度和更长续航时间的无人机，以色列航空工业公司马特拉分部为满足军方需求，决定以"苍鹭"无人机为基础进行改造，

基本参数	
制造商	以色列航空工业
机身长度	13 米
翼展	26 米
最大起飞重量	4 650 千克
最高时速	370 千米 / 时
最大航程	7 400 千米
实用升限	14 000 米

通过增大尺寸、换装涡轮螺旋桨发动机，以增加其飞行高度，提高其生存能力，并将其命名为"苍鹭" TP，之后又重新命名为"埃坦"无人机。2004 年，"埃坦"无人机首次试飞成功。

性能解析

与"苍鹭"无人机相比，"埃坦"无人机的总体布局基本与其相似，但尺寸明显增大。该机为上单翼布局，机翼采用了全翼展开缝襟翼，翼展达到 26 米，与波音 737 客机相当。该机机身由复合材料制成，设置有可收放的起落架。凭借着巨大的翼展和 4 650 千克的起飞重量，"埃坦"无人机的续航时间可以超过

30 小时，在配备卫星通信设备后，作战半径可超过 1 000 千米。

"埃坦"无人机在机身后部安装了 1 台 PT6A-67 涡轮螺旋桨发动机和四叶螺旋桨，因此具有较好的高空性能。该机可实现自主起飞和着陆，并且能够在城市上空安全飞行。地面操作员可更多地集中于执行任务，无须操纵无人机的飞行。

"埃坦"无人机侧面视角

"埃坦"无人机准备起飞

以色列"黑豹"无人机

"黑豹"无人机是由以色列航空工业公司研制的倾转旋翼无人机。

研发历史

倾转旋翼无人机技术诞生于 20 世纪末，它结合了直升机和固定翼飞机的优点，既有旋翼又有固定机翼，而且旋翼可以从垂直位置转向水平位置或者从水平位置转到垂直位置，因此这种无人机兼具垂直 / 短距离起降和高速巡航的特点。目前，从世界范围来看，倾转旋翼技术还处于起

基本参数	
制造商	以色列航空工业
空重	65 千克
续航时间	6 小时
操作半径	60 千米
实用升限	3 000 米

步阶段，只有少数国家技术相对成熟，而以色列航空工业公司研制的"黑豹"无人机就是其中的杰出代表。2010 年，"黑豹"无人机正式亮相。

性能解析

"黑豹"无人机装备了倾转旋翼推进系统，能够自由起飞和降落，无须专门的起降地点。该机采用了一种新型的自动飞行控制系统，可以确保飞机在垂直起降和水平飞行两种状态之间正常转换。"黑豹"无人机的起降实现了高度自主化，并且操作简单方便，只需操作员在操控台上简单点击屏幕即可。

"黑豹"无人机搭载了以色列航空工业公司自主研发的迷你光电 / 红外传感器，动力装置为 3 台"超静音"电动机，续航时间达 6 小时。在研发"黑豹"无人机的同时，以色列航空工业公司还设计了缩小版的"黑豹"，称作"迷你豹"，重 12 千克，续航时间约 2 小时。

"黑豹"无人机侧面视角

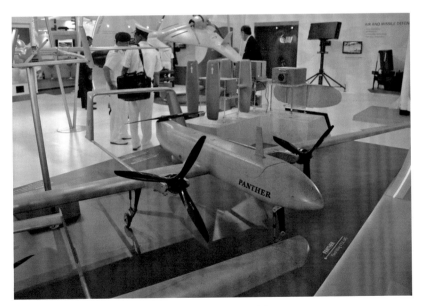

航展中的"黑豹"无人机

以色列"鸟眼"无人机

"鸟眼"无人机是由以色列航空工业公司研制的微型无人机，有多种规格型号。

研发历史

2009 年巴黎国际航展上，以色列航空工业公司首次展出其新开发的第三代微型无人飞行器——"鸟眼"400 无人机。该机于 2005 年完成研发工作，2007 年开始批量生产并装备部队。此后，以色列航空工业公司又在"鸟眼"400 的基础上推出了"鸟眼"500、"鸟眼"600、"鸟眼"650 和"鸟眼"650D等改进型，这些改进型的尺寸更大，性能也相对更好。

基本参数	
制造商	以色列航空工业
机身长度	0.8 米
翼展	2.2 米
最大起飞重量	4.1 千克
最大航程	15 千米
续航时间	80 分钟

性能解析

"鸟眼"无人机各个型号的性能差异较大，其中"鸟眼"400 采用无尾下单翼结构，主翼后掠，动力装置为电池驱动的电动马达及螺旋桨推进器。光电传感器集中在机身下的转塔内，无人机采用弹簧弹射方式起飞，机体背面有 4 个着陆支架，着陆时机体翻转靠背部着陆支架与地面摩擦减速。整套系统采用模块化设计，分解后可由两人背携，发射时可在几十分钟内完成组装。"鸟眼"400 无人机的控制系统高度自动化，起飞、途中巡航以及完成任务后返回都无须过多干预。

最新的"鸟眼"650D 采用前悬挂式活塞发动机驱动，通过弹射方式起飞，并通过降落伞和气囊进行回收。降落伞安装在机身腹部，回收时降落伞从后方弹出，保护载荷免受地面撞击。此外，"鸟眼"650D 还拥有更大的机身、更宽的翼展，可用于海军舰船。

"鸟眼" 400 无人机及其控制系统

"鸟眼" 650D 无人机弹射起飞

以色列"赫尔姆斯"450无人机

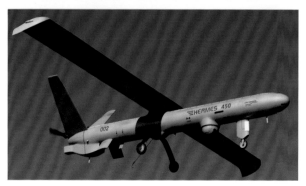

"赫尔姆斯"450无人机是由以色列埃尔比特公司研制的长航时无人机。

研发历史

"赫尔姆斯"450无人机由以色列埃尔比特公司自主设计，该公司为以色列首屈一指的防务电子企业。1995年巴黎国际航展时，埃尔比特公司就展出了其第一次研发的无人飞行器——"赫尔姆斯"450无人机。之后，埃尔比特公司又在此基础上推出了"赫尔姆斯"750、"赫尔姆斯"900、"赫尔姆斯"1500

基本参数	
制造商	埃尔比特
机身长度	6.1米
翼展	10.5米
空重	450千克
最高时速	176千米/时
最大航程	300千米
实用升限	5 486米

和"赫尔姆斯"180等。2007年9月，埃尔比特公司称世界各国军方装备的"赫尔姆斯"450无人机已累计飞行了6.5万小时，使用该机的国家包括克罗地亚、格鲁吉亚、巴西、墨西哥、新加坡、英国、美国等。

性能解析

"赫尔姆斯"450无人机是以色列国内民航部门认证的第一种无人飞行器，以色列空军部队自1998年起就装备了这种无人机。外界普遍认为，"赫尔姆斯"450无人机是一种重型的长航时战术无人飞行器，而不是战略长航时飞行器。该机用途较广，可支援师旅级单位作战，在阿富汗战争期间曾执行过多次情报收集、监视等任务。

英国装备的"赫尔姆斯"450无人机被称为"赫尔姆斯"450B，这种无人机加装了带有除冰装置的肩翼，换装了功率更大的英国发动机，并配备了泰利斯公司研发的"魔术"自动起降系统（带有 GPS 导航备份设备）及具有动态目标指示功能的合成孔径雷达，还加装了以色列生产的光电 / 红外传感器组件和激光指示器。

美国引进的"赫尔姆斯"450 无人机

"赫尔姆斯"450 无人机起飞

以色列"赫尔姆斯"900无人机

"赫尔姆斯"900无人机是由以色列埃尔比特公司研制的战略无人机，于2012年开始服役。

研发历史

2007年巴黎国际航展，埃尔比特公司公布了"赫尔姆斯"900无人机开发项目，称将于2008年年底进行试飞。不过，由于多个方面的原因，"赫尔姆斯"900无人机最终在2009年12月14日才进行首次试飞，比原定计划足足晚了一年时间。2012年，"赫尔姆斯"900无人机正式服役，主要用户包括以色列空军、巴西空军、智利空军、哥伦比亚空军等。

基本参数	
制造商	埃尔比特
机身长度	8.3米
翼展	15米
空重	1 100千克
最高时速	220千米/时
续航时间	36小时
实用升限	9 144米

性能解析

与"赫尔姆斯"系列的其他型号相比，"赫尔姆斯"900无人机拥有一套更为高级的自动起降系统，可使无人机在相对粗糙的跑道上起降，而且无人机的升限更高，负载也采用模块化配置易于更换。此外，"赫尔姆斯"900无人机还能在恶劣气候条件下使用，这意味着它的飞行控制系统能适应各种复杂的飞行环境。

"赫尔姆斯"900无人机的动力装置为1台罗塔克斯914活塞发动机，最大功率为86千瓦。从机体外形和配置上看，"赫尔姆斯"900无人机是"赫尔姆斯"450无人机的放大版。

仰视"赫尔姆斯"900 无人机

"赫尔姆斯"900 无人机侧面视角

以色列"云雀"无人机

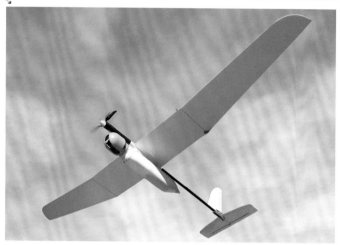

"云雀"无人机是由以色由列埃尔比特公司研制的小型无人飞行器，有多种规格。

研发历史

2002 年，埃尔比特公司为满足以色列国防军为其连、排级单位配备微型无人飞行器的需求，推出了"云雀"I 无人机，该机面世后先后被澳大利亚、法国、墨西哥、加拿大、瑞典等国引进。之后，埃尔比特公司又推出了延长航程后的改进型"云雀"I LE 无人机，并于 2008 年 12 月被选为以色列营级

基本参数	
制造商	埃尔比特
机身长度	2.2 米
翼展	2.4 米
空重	4.5 千克
续航时间	90 分钟

地面部队新的无人飞行器。与此同时，埃尔比特公司又研制出更大、更重的"云雀"II 无人机，2007 年 12 月被韩国军方引进。"云雀"II 无人机另有延长航程版本，称为"云雀"II LE 无人机。

性能解析

"云雀"系列无人机采用传统的飞行器布局结构（螺旋桨推进器位于机首），其光电传感器组件置于机翼下方推进器桨叶之后。整套系统包括 3 架无人机、1 套地面控制设备和数据下行终端，以及 1 套发射器（后期型号体积过大，无法由使用者手持发射）。

"云雀"无人机各个型号的性能参数存在较大差异，如"云雀"I LE 无人机比"云

雀" I 无人机的尺寸更大,翼展达到 5.5 米,续航时间延长至 120 分钟。而"云雀" II 无人机的重量达到 43 千克,续航时间达到 360 分钟,只能通过滑轨助推发射。"云雀" II LE 无人机的续航时间进一步延长至 900 分钟,机体还搭载了新的传输距离达 150 千米的数据链。

"云雀" I 无人机特写

手持"云雀"无人机的以色列士兵

以色列"统治者"无人机

"统治者"无人机是由以色列航空防御系统公司研制的无人侦察机。

研发历史

2004 年，航空防御系统公司在印度班加罗尔展出并演示了"统治者"无人机系统。2008 年，航空防御系统公司又发布了"统治者"Ⅱ中空长航时无人机开发计划。资料显示，"统治者"Ⅱ无人机由 DA42"双星"民用飞机改进而来，也被认为是世界首次基于经过认证的民用飞行器改装而成的无人飞行器。

基本参数	
制造商	航空防御系统
机身长度	8 米
翼展	13.42 米
空重	1 200 千克
最高时速	354 千米 / 时
续航时间	24 小时
实用升限	9 100 米

性能解析

"统治者"无人机采用飞翼式布局，机体由螺旋桨推进器驱动，机体的垂直安定面则位于飞翼翼端，动力装置为 1 台功率为 101 千瓦的活塞发动机。机翼部凸起的天线罩内置数据链和卫星天线。"统治者"无人机的起飞和回收都采用传统的可收放式起落架，由于其载荷较大，故可同时携带多类物品。

为了避免对气动外形过分修改，"统治者"Ⅱ无人机仍保留了原机型的飞行员驾驶舱室，但舱室已被完全遮蔽。机翼下部可配备传感器转塔，无人机仍保持原来下单翼（主翼翼尖布置有用于控制的倾向上的小翼）、T 形尾翼（尾翼水平安定面尖端也设计有垂直向下的小翼）、可收放三点式起落架的常规布局，动力装置为 1 台柴油发动机，在较高升限时其数据链直线传输距离可达 300 千米。

"统治者"无人机特写

"统治者"无人机侧面视角

以色列"航空星"无人机

"航空星"无人机是由以色列航空防御系统公司研制的战术无人机。

研发历史

2003 年巴黎国际航展上，航空防御系统公司展出了其研发的"航空星"无人机。有报道称，该机是由航空防御系统公司与以色列情报部门合作研发的，但并未得到官方证实。"航空星"无人机被以色列、希腊、美国和安哥拉等国采用。2009 年中期，航空防御系统公司宣称"各国装备的'航空星'无人机已累计完成 5 万小时飞行，其所表现出的可靠性和性能在

基本参数	
制造商	航空防御系统
机身长度	4.5 米
翼展	7.5 米
最大起飞重量	220 千克
最高时速	200 千米 / 时
续航时间	14 小时
实用升限	5 500 米

无人飞行器工业界无出其右"。2010 年 2 月，波兰政府宣布采购 8 架"航空星"无人机，其中 4 架很快随波军一道部署于阿富汗。

性能解析

"航空星"无人机采用常规的上单翼、短机体、双尾撑结构，其数据链天线置于机体上部凸出的圆形天线罩内，数据传输具有多频多通道连接的能力，使其可同时与多个飞行器或地面设备进行通信链接，其数据链在未经中继的情况下传输距离可达 200 千米。

航空防御系统公司称"航空星"飞行控制系统的平均故障时间达到 3 万小时。此外，它的负载 / 重量比、性能 / 平台尺寸比在同类飞行器中也极为出众。目前，以色列军方装备的"航空星"无人机被广泛用于反走私、反恐巡逻和监视等任务。

"航空星"无人机特写

航展中的"航空星"无人机

以色列"游骑兵"无人机

"游骑兵"无人机是由以色列和瑞士联合研制的无人侦察机，适合在多山地区及其他恶劣环境下昼夜使用。

研发历史

"游骑兵"无人机由罗格公司（RUAG）设计和生产，该公司是以色列和瑞士联合成立的合资公司。2001年年底，"游骑兵"无人机系统移交给瑞士空军，瑞士政府、军方官员和工业代表以及以色列工业代表、以色列航空工业公司董事长都参加了交付典礼。此外，芬兰陆军也购买了"游骑兵"无人机系统，第一套于2001年10月交付。

基本参数	
制造商	罗格
机身长度	4.61 米
机身高度	1.13 米
翼展	5.71 米
最大起飞重量	285 千克
最高时速	240 千米 / 时
最大航程	180 千米
续航时间	9 小时

性能解析

"游骑兵"无人机的机身采用复合材料制造，机翼安装在机身较低位置。为了在人口稠密地区使用，"游骑兵"无人机带有应急降落伞。该机可以从装有液压弹射器的卡车上自动发射，并装有用于在短草皮简易机场或无准备雪地 / 冰面上自动降落的滑板。

"游骑兵"无人机系统由2套卡车安装发射装置、2座卡车安装地面控制站、2套远程通信终端、2辆救援车和7架无人机组成。"游骑兵"无人机的主要传感设备为以色列航空工业公司制造的双重电视照相机和 IR 传感器，这些设备均安装在一个旋转可收放的转塔上。

"游骑兵"无人机弹射起飞

"游骑兵"无人机后方视角

以色列"猛犬"无人机

"猛犬"无人机是由以色列塔迪兰公司研制的无人侦察机。

研发历史

20 世纪 70 年代，以色列航空工业公司和塔迪兰公司同时开展新型小型遥控无人飞行器的研发和制造工作，并分别推出各自低成本以及具备战场实时监控能力的无人侦察机——"侦察兵"无人机和"猛犬"无人机，这两种无人机均可在前线上空灵活部署。然而，最先将这两种无人机投入实战检验的却不是以色列，而是南非空军。在 1981 年安哥拉地区的战斗中，"侦察兵"无人机首次投入使用。1982 年黎以冲突中，"侦察兵"无人机和"猛犬"无人机曾一同上阵，均有出色的表现。

基本参数	
制造商	塔迪兰
机身长度	3.3 米
机身高度	0.89 米
翼展	4.25 米
空重	72 千克
最高时速	185 千米 / 时
续航时间	7 小时 30 分
实用升限	4 480 米

性能解析

虽然"猛犬"无人机的体积不大，但其综合作战性能却颇为出色。在 1982 年的第五次中东战争中，以色列以"猛犬"无人机为诱饵，引诱叙利亚先期启动雷达和防空火力，使其阵地暴露无遗，然后以强大的火力在瞬间将其全部摧毁，"猛犬"无人机由此一战成名。

"猛犬"无人机侧前方视角

航展中的"猛犬"无人机

以色列"空中骡子"无人机

"空中骡子"无人机是由以色列城市航空公司研制的垂直起降无人机，预计于 2020 年开始服役。

研发历史

"空中骡子"无人机由以色列城市航空公司于 2006 年开始研发，2009 年 1 月，首次试飞成功。2016 年 1 月，"空中骡子"无人机首次在以色列米吉多军用机场成功进行了无系留飞行。随后，其性能也在 2016 年陆续得到测试。与此同时，"空中骡子"无人机的出口型号"鸬鹚"无人机也在进行测试工作。

基本参数	
制造商	城市航空
机身长度	6.2 米
机身高度	2.3 米
机身宽度	3.5 米
空重	771 千克
最大起飞重量	1 406 千克
最高时速	180 千米/时
实用升限	3 700 米

性能解析

与普通直升机不同，"空中骡子"无人机的旋翼位于机身内部，这使它有能力在普通直升机难以到达的艰险地形保持飞行，还可以在无法配装标准无人机的小型舰船上实现起降。该机的动力装置为 1 台阿里埃勒 2 型涡轮轴发动机，最大功率为 700 千瓦。该机既可以由地面控制台手动控制，也可以通过电传飞行控制系统进行操控，并能够在大风等极端天气里实现精确飞行。

在执行战术支持任务时，一架"空中骡子"无人机单次可载重 500 千克货物，向飞行半径 50 千米的地区运送，24 小时可运输约 6 000 千克的物资。10 ~ 12 架"空中骡子"无人机编队可以为 3 000 名作战人员提供物资保障并运送伤员。

"空中骡子"无人机侧面视角

雪地上的"空中骡子"无人机

苏联图-141 "雨燕"无人机

图-141 "雨燕"无人机是由苏联图波列夫设计局研制的无人侦察机，主要用于低空战术侦察。

★ 研发历史

图-141 "雨燕"无人机于 20 世纪 70 年代末开始研制，1983 年正式服役，由哈尔科夫飞机制造厂批量生产。在 1979~1989 年的十年中，一共生产了 142 架。苏联解体后，尽管研制图-141 无人机的全部文件和资料完全留给了乌克兰，但俄罗斯军队仍装备了部分图-141 无人机。

基本参数	
制造商	图波列夫
机身长度	14.33 米
机身高度	2.44 米
翼展	3.88 米
空重	6 215 千克
最高时速	1 100 千米 / 时
最大航程	1 000 千米
实用升限	6 000 米

★ 性能解析

图-141 无人机的垂直尾翼较高，外翼可以折叠，以便存入发射箱内。图-141 无人机采用箱式存储和发射，无人机装在机动发射箱内，在发射架上由助推火箭发射。该机装有可收放起落架，采用降落伞减震方式着陆。图-141 无人机既可以按照预定程序飞行，也可以由地面人员遥控。机载导航驾驶系统可保证该机在距起飞地点 500 千米以外的空域执行侦察任务。

图-141 无人机的机载侦察设备包括若干部航空照相机、1 部雷达、1 部无线电技术侦察设备、1 部激光测距仪、1 部红外摄像机、1 部热成像仪和 1 部核辐射探测器，可昼夜对目标实施侦察。该机的飞行高度根据任务和条件的不同可以在 50 ~ 6 000 米进行选择。

博物馆中的图 –141 无人机

图 –141 无人机侧前方视角

苏联图 -143 "航程"无人机

图 -143"航程"无人机是由苏联图波列夫设计局研制的无人侦察机。

研发历史

图 -143 无人机是根据苏联空军的要求设计的无人侦察机，同时也供苏联陆军使用。该机于 1970 年投入生产，到 1989 年一共生产了 950 架。1973 年，图 -143 无人机开始在苏联军队服役，主要部署在西部边境地区以及苏联驻东德和捷克等国的军队。1989 年，图 -143 无人机退出现役。

性能解析

基本参数	
制造商	图波列夫
机身长度	8.06 米
机身高度	1.54 米
翼展	2.24 米
空重	1 230 千克
最高时速	950 千米 / 时
最大航程	200 千米
实用升限	5 000 米

图 -143 无人机的机头下方安装有两种不同的侦察设备，可通过机载记录系统或直接传递给地面指挥所两种方式对侦察信息进行处理，还可以安装用于探测核辐射的设备。由于图 -143 无人机具有较快的飞行速度和一定的隐身性能，敌方防空火力系统很难将其击落。图 -143 无人机按预编程序控制飞行，若有任务变化也可由地面人员遥控飞行。回收时，使用减速伞减慢飞行速度，然后用可伸缩的滑橇着陆。一般情况下，图 -143 无人机可重复发射回收使用 5 次。

图 -143 无人机具有很强的机动作战性能，可对距离作战前沿阵地 75 千米处的敌方作战地域实施不间断的侦察，也可依地形不同而变换飞行高度。该机可在任何气象条件下飞行，既可在平原上空侦察，也可在山区执行任务。

图 -143 无人机及其发射系统

图 -143 无人机侧后方视角

俄罗斯卡-137 无人机

卡-137 无人机是由俄罗斯卡莫夫设计局研制的多用途无人驾驶直升机，适于执行边防巡逻、战地侦察、生态监测、森林防火和渔场监护等多种任务。

研发历史

卡-137 无人机于 1994 年开始研制，1995 年完成草图设计，1999 年定型投产并开始装备俄罗斯陆军和边防部队。卡-137 无人机可军民两用，用途非常广泛，只需通过重组多任务传感器，就可实现任务转换。

性能解析

卡-137 无人机的球形机体堪称世界无人机中的一怪，其机体分上下两个功能部分，上部装有 1 台赫兹 2706-R05 活塞发动机，功率为 50 千瓦，还有燃油、控制系统及测高仪和卫星导航系统。下部用于放置任务系统，可根据用途和任务放置不同设备，如电视或红外摄像系统、无线电定位装置和信号传送装置等，总共可携带 80 千克有效载荷。卡-137 无人机可以完全自主飞行，自动导航精度在 60 米内。

基本参数	
制造商	卡莫夫
机身直径	1.3 米
机身高度	2.3 米
旋翼直径	5.3 米
空重	200 千克
最大起飞重量	280 千克
最高时速	175 千米 / 时
最大航程	530 千米
实用升限	5 000 米

航展上的卡 –137 无人机

卡 –137 无人机机体部分特写

俄罗斯"鳐鱼"无人机

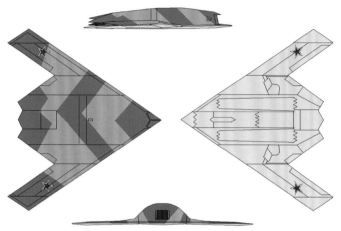

"鳐鱼"无人机是由俄罗斯米格航空器集团研制的隐身无人攻击机。

研发历史

2004 年，俄罗斯国防部决定发展一种用于执行对地攻击任务的空中无人作战系统，包括米格和苏霍伊在内的多家俄罗斯航空企业都加入了竞争，获胜者将得到俄罗斯国防部的研究经费支持。在苏霍伊的竞争方案还处于严格保密阶段时，米格就在 2008 年莫斯科航展中率先公布了"鳐鱼"无人机，目的就是希望赢得先机。不过，由于俄罗斯政府拨付的资金不足且迟迟没有到位，"鳐鱼"无人机的研发进度极为缓慢。

基本参数	
制造商	米格
机身长度	10.25 米
机身高度	2.7 米
翼展	11.5 米
最大起飞重量	10 000 千克
最高时速	800 千米 / 时
最大航程	4 000 千米
实用升限	12 000 米

性能解析

"鳐鱼"无人机采用"无尾飞翼"布局，十分强调隐身性能，其机翼前、后缘和机身边缘采用平行设计方式，将高强度雷达反射波集中到与机身前、后缘垂直的四个方向；进气道位于机身上方接近机头部位，采用单进气口"叉式"进气，两个分叉的进气道由一个垂直隔膜分开，以防止入射雷达波直接照射发动机风扇的迎风面后形成强反射源；机腹武器舱门和机身所有口盖边缘也被设计成锯齿状。

　　"鳐鱼"无人机拥有 2 个内置武器弹舱,能够携带像 Kh-31 反舰导弹(弹体长度达 4.7 米)这样大型精确打击武器以及 KAB-500 精确制导炸弹和 Kh-31P 反辐射导弹等武器。因此,"鳐鱼"无人机不仅能够对水面目标和地面目标发起攻击,还能执行压制敌方地面防空系统的任务。

"鳐鱼"无人机的验证机

"鳐鱼"无人机侧面特写

英国"守望者"无人机

"守望者"无人机是由泰利斯英国公司研制的无人机。

研发历史

英国为"守望者"无人机系统计划总计投资 14.6 亿美元，吸引了多家国际知名公司参与。2004 年 7 月 19 日，在"英国范堡罗国际航展"上，英国正式宣布泰利斯英国公司为"守望者"无人机计划的获胜者。2010 年 4 月 14 日，"守望者"无人机首次试飞。

基本参数	
制造商	泰利斯
机身长度	6.1 米
翼展	10.51 米
最大起飞重量	450 千克
续航时间	17 小时
实用升限	5 500 米

性能解析

"守望者"无人机是在以色列埃尔比特公司的"赫尔姆斯"450 无人机的基础上改进而来，两者外形相似。"守望者"无人机采用了可收放的前机轮，改进了主起落架，机翼同上部机身融合，并配备了除冰设备，加装了敌我识别装置、数据链，增加自动起降功能。

"守望者"无人机配有前进式合成孔径雷达／地面移动目标指示器、后置光电／红外炮塔及燃油喷射式发动机，能够在高海拔地区飞行，并在减弱声音和视觉信号反射的同时扩大覆盖范围、提升续航能力。该机的最大起飞重量超过 450 千克，续航时间 17 小时。一套完整的"守望者"无人机系统能够由 1 架 C-130"大力神"运输机部署到战区。

"守望者"无人机起飞

测试中的"守望者"无人机

英国"不死鸟"无人机

　　"不死鸟"无人机是由英国马可尼公司研制的无人机，主要为炮兵提供定位和识别服务，也可用于侦察。

研发历史

　　"不死鸟"无人机的研制工作始于1985年，1986年5月完成首次试飞。但因技术和使用等问题，直到1993年9月才获得英国陆军的批准，研制阶段耗费的资金多达1亿英镑，英国陆军原计划订购200架，但后来只提供了8个地面控制站和50架无人机的合同。

基本参数	
制造商	马可尼
翼展	5.6米
总重	175千克
载荷重量	50千克
最高时速	166千米/时
续航时间	5小时
实用升限	2800米

性能解析

　　"不死鸟"无人机采用卡车运输，并且使用车上的弹射器进行发射。降落方式为降落伞伞降，并装有缓冲装置。该机的腹部通过1个稳定的旋转臂装有1个双轴稳定传感器吊舱，吊舱中有热成像通用模块。该设备可昼夜照相，视场为60×40度。

　　"不死鸟"无人机还能为灵巧炸弹和远程探雷装置指示目标。另外由于其地面站采用改进的数据调制解调器，所以具备直接将图像信息传送给英国陆军WAH–64直升机的能力。

"不死鸟"无人机侧前方视角

"不死鸟"无人机侧面视角

英国"雷神"无人机

"雷神"无人机是由英国宇航系统公司研制的无人战斗机，于2010年推出技术验证机。

研发历史

2006年年初，英国宇航系统公司公开了"雷神"无人机的一些基本情况。同年12月7日，英国国防部在对总体方案进行全面细致的评审后，将一项价值1.24亿英镑的合同正式给予英国宇航系统公司领导的研制团队。2007年11月20日，英国宇航系统公司在兰开夏郡的工厂内举行了机体加工启动仪式。2010年7月12日，"雷神"无人机进行了公开展示。2013年8月10日，"雷神"无人机首次试飞成功。

基本参数	
制造商	英国宇航系统
机身长度	12.43米
机身高度	4米
翼展	10米
最大起飞重量	8 000千克
最高时速	1 235千米/时

性能解析

"雷神"无人机采用了大后掠前缘的翼身融合体布局，机身和机翼的后缘分别对应平行于前缘，可以有效地提供升力，实现更大的续航能力，从而确保无人机具有跨洲攻击的威力。该机大量采用了低可侦测性复合材料，且制造精度非常高。发动机进气道的后部管道采用了先进的纤维铺设技术，可有效躲避雷达的探测。

由于计划的保密性，目前仅知晓"雷神"无人机可以使用4枚"地狱火"空对地导弹、2枚"铺路"激光制导炸弹和2枚900千克炸弹的武器配置。在英国军方看来，"雷神"无人机扮演着"突入袭击"的角色。与目前所知的中空长航时无人机（如美国"捕食者"无人机）相比，"雷神"无人机能够在复杂的防空系统中以超音速飞行。

"雷神"无人机在高空飞行

展览中的"雷神"无人机

法国"神经元"无人机

"神经元"无人机是由法国达索航空公司主导研发的隐身无人战斗机，另有多个欧洲国家参与研发计划。

研发历史

2003 年，法国国防部长宣布与欧洲宇航防务集团、达索航空公司和泰利斯公司签署了一份重大协议，要求尽快开发一款等比例缩小版的概念验证机。之后，法国决定向其他欧洲国家开放"神经元"无人战斗机方案，而该项目也很快吸引了不少欧洲国家关注。2005 年，原有研发团队在合并了瑞典、瑞士、希腊及意大利等国的数家公司后，又签署了一系列详细备忘录和协议，标志着"神经元"无人机研发团队正式形成。同年年底，法国、希腊、意大利、西班牙、瑞典和瑞士六国政府开始向项目注资。2006 年 2 月，"神经元"项目正式启动，法国国防部军械装备局代表所有参与国负责项目管理，达索航空公司作为主承包商负责项目的整体研发。2012 年 11 月，"神经元"无人机在法国伊斯特尔空军基地试飞成功，法国国防部称其开创了一代战斗机的新纪元。

基本参数	
制造商	达索航空
机身长度	9.5 米
翼展	12.5 米
空重	4 900 千克
最高时速	980 千米 / 时
实用升限	14 000 米

性能解析

"神经元"无人机可以在不接受任何指令的情况下独立完成飞行，并在复杂飞行环境中进行自我校正，此外它在战区的飞行速度超过现有一切侦察机。"神经元"无人机能在其他无人侦察机的配合下，反复在敌方核生化制造和储存地区进行巡逻、侦察和监视，一旦发现目标便可根据指令将其摧毁。该机也可在前方空中控制员的指挥下，与地面力量密切配合，执行由武装直升机和攻击机完成的近距空中支援任务。

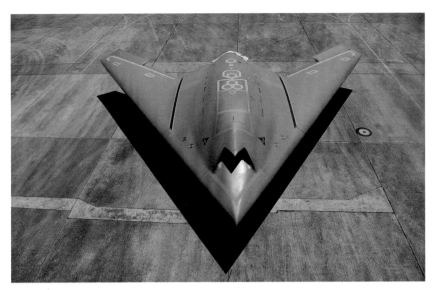

"神经元"原型机正面视角

"神经元"无人机（左）、"阵风"战斗机（下）和"猎鹰"7X 运输机（上）

法国"雪鸮"无人机

"雪鸮"无人机是由欧洲宇航防务集团研制的一种无人驾驶的非武装型情报收集、监视和侦察飞机，主要用户为法国空军。

研发历史

"雪鸮"无人机是欧洲宇航防务集团在以色列航空工业公司"苍鹭"无人机的基础上改进而来的，2006年9月9日首次试飞成功。2008年6月，正式服役。

性能解析

"雪鸮"无人机可由战斗机、运输机或海上平台上的机组人员进行远程控制，该机具有长航时和低可侦测性的特点，能够在几千米的

基本参数	
制造商	欧洲宇航防务
机身长度	9.3米
翼展	16.6米
空重	657千克
最大起飞重量	1 250千克
最高时速	207千米/时
最大航程	1 000千米
实用升限	7 620米

范围内执行昼夜侦察任务。"雪鸮"无人机能对村庄和混合地貌进行侦察，也可执行车队护送任务。此外，该机还能执行搜索简易爆炸装置、识别和观察直升机着陆区域等任务。必要时，还能为与敌军遭遇的部队提供情报支援。

"雪鸮"无人机小队大约有40人，包括13名机械师和9名机组成员，其中机组成员包括空勤人员、情报官和图像分析人员。此外，该小队还包括18名后勤、通信和管理人员。

"雪鸮"无人机侧面视角

航展中的"雪鸮"无人机

法国"雀鹰"无人机

"雀鹰"无人机是由法国萨基姆公司研制的战术无人机，可执行战术监视、观察和瞄准任务。

研发历史

"雀鹰"无人机是一种经过实战考验的无人机系统，有 A 型和 B 型两种型号。该机已被法国、瑞典、丹麦、希腊、荷兰、加拿大和美国等多个国家采用。

性能解析

"雀鹰" A 型无人机能够自动弹射，并在没有事先准备的地点通过降落伞降落。该无人机系统配有高效的光电昼/夜用传感器和一系列其

基本参数	
制造商	萨基姆
机身长度	3.5 米
机身高度	1.3 米
翼展	4.2 米
空重	275 千克
最大起飞重量	330 千克
最高时速	240 千米 / 时
最大航程	180 千米
实用升限	3 800 米

他传感器，可进行全面的任务制定和监视，能够将目标图像发回地面指挥控制中心。"雀鹰" B 型为无人攻击机，机翼更大也更坚固，能够携带更多的有效载荷，而且续航力和航程也得到加强，武器为以色列研制的"长钉"远程多用途空地导弹。

"雀鹰"无人机弹射起飞

阿富汗战场上的"雀鹰"无人机

德国"月神"X-2000 无人机

"月神"X-2000 无人机是由德国电子机械技术公司（EMT）研制的无人侦察机，主要装备德国陆军。

研发历史

"月神"X-2000 无人机从 2000 年 3 月开始装备德国陆军，并在科索沃、马其顿和阿富汗成功完成侦察任务。2006 年年初，巴基斯坦陆军也订购了"月神"X-2000 无人机，用于边界监视。

性能解析

"月神"X-2000 无人机是一种可全天候

基本参数	
制造商	电子机械技术
机身长度	2.36 米
翼展	4.17 米
最大起飞重量	40 千克
最高时速	70 千米／时
续航时间	6 小时
最大航程	100 千米
实用升限	3 500 米

使用的轻型无人机，操作简易，可连续 4 小时用于 80 千米外实时监视、侦察和目标定位。该机的发射方式非常简单，可利用橡皮筋弹射器弹射起飞，回收方式为伞降回收。由于起降几乎不需要额外空间，因此"月神"X-2000 无人机的部署时间大幅缩短，只要弹射器、拦阻网和综合式操作控制台就位，就能立刻执行任务，非常适合分秒必争的前线野战侦察搜索任务。

为了执行多样化的作战任务，"月神"X-2000 无人机的机首下方装有开放式光电传感模块，可以同步传输高分辨率图像（可见光或红外），以便地面操控台在第一时间获得战场情报。为了免遭电子干扰，"月神"X-2000 无人机不仅能在地面操控台的遥控下飞行，还内置有自动飞行功能，可根据事前设定的导航点自动执行侦察任务。此外，该机还能加装核生化探测、电子信号截收、电子战等装备。

"月神" X-2000 无人机及其弹射装置

展览中的"月神" X-2000 无人机

德国"阿拉丁"无人机

"阿拉丁"无人机是由德国电子机械技术公司（EMT）研制的小型无人侦察机，主要装备德国陆军。

研发历史

2001 年，德国陆军与电子机械技术公司签订合同，正式启动"阿拉丁"无人机的研制工作。由于在研制过程中借鉴了"月神"X-2000 无人机的设计经验，所以研制时间很短。2003 年 4 月，"阿拉丁"无人机开始装备德国驻阿富汗国际安全援助部队（ISAF）。2006 年 4 月，荷兰军队购买了 10 架"阿拉丁"无人机和 5 套地面控制站。

基本参数	
制造商	电子机械技术
机身长度	1.53 米
机身高度	0.36 米
翼展	1.46 米
空重	3.2 千克
最高时速	90 千米 / 时
最大航程	15 千米

性能解析

"阿拉丁"无人机系统主要由 1 架无人机和 1 个地面控制站组成，操作人员为 1 ~ 2 名。该机通常与"非洲小狐"侦察车配合使用，以执行近距离侦察任务。"阿拉丁"无人机通常被拆解并装在箱子里，以方便携带。使用时，操作人员可在数分钟内完成无人机的组装，然后采用手抛或弹射索发射升空。

"阿拉丁"无人机侧前方视角

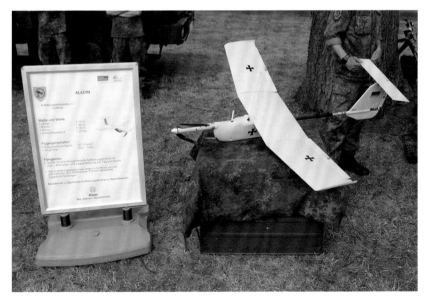

航展中的"阿拉丁"无人机

德国 KZO 无人机

KZO 无人机是由德国莱茵金属公司研制的小型无人侦察机，其名称含义为"用于目标定位的小型飞机"。

研发历史

德国军队早期装备的小型无人机主要以自行研制的"月神" X-2000 近程侦察无人机和加拿大研制的 CL-289 远程侦察无人机为主，但这两种无人机功能有限。为适应新形势，使德国无人机达到国际先进水平，德国军方决定投入巨大的人力和财力加紧研制新型无人机。20 世纪末，德国联邦武器技术发展局与德国陆军签订了研制

基本参数	
制造商	莱茵金属
机身长度	2.26 米
机身高度	0.96 米
翼展	3.42 米
空重	168 千克
巡航速度	220 千米 / 时
续航时间	4 小时
实用升限	4 000 米

KZO 无人机的合同，研发工作主要由德国阿德拉斯电子系统公司（后并入莱茵金属公司，成为其旗下的防务电子分部）负责。2005 年，KZO 无人机正式服役。

性能解析

KZO 无人机的主要任务是侦察、识别并捕捉敌方远程火力目标，包括远程火炮、火箭炮和战术导弹阵地。该机采用下单翼气动布局，螺旋桨发动机置于机尾，整个机身也未采用复杂的设计，除头部为圆柱形外，其机体大部截面近乎正方形，两片下置矩形机翼位于机身后侧。KZO 无人机的机头内部装有毫米波或红外成像导引头，整个机头传感器组装在万向支架上，可根据需要转到特定方向。机翼为两段式结构，翼根与机身为一体式，机翼外侧一段可折叠，以方便储运。

由于没有采用特殊的外形设计来实现隐形性能，为达到军方对其低可侦测性的要求，KZO 无人机的机体构件均采用特殊的复合材料，这种材料具有良好

的隐形能力，并能在复杂电磁环境中正常使用。

KZO 无人机及其发射车

发射车内的 KZO 无人机

德国/西班牙"梭鱼"无人机

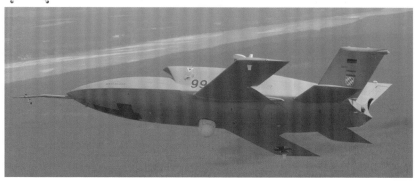

"梭鱼"无人机是由欧洲宇航防务集团研制的无人战斗机，主要用户为德国空军和西班牙空军。

研发历史

"梭鱼"无人机研发项目于 2002 年开始启动，早期研发经费主要来自欧洲宇航防务集团的自筹资金。为确保"梭鱼"无人机跻身世界先进无人机行列，其设计方案经历多次改动。"梭鱼"无人机的机身结构在德国奥格斯堡的欧洲宇航防务集团制造，机翼由西班牙马德里的加兴工厂制造。2006 年 4 月 2 日，"梭鱼"无人机首次试飞成功。

基本参数	
制造商	欧洲宇航防务
机身长度	8.25 米
翼展	7.22 米
空重	2 300 千克
最大起飞重量	3 250 千克
最高时速	1 041 千米 / 时
最大航程	200 千米
实用升限	6 100 米

性能解析

与欧洲其他无人机相比，"梭鱼"无人机具有出色的气动布局和外形设计，该机采用 V 形尾翼，发动机进气道位于机背。"梭鱼"无人机几乎所有的边缘和折角都沿一个方向设计，这样可以最大限度地降低机身的雷达反射，从而降低无人机被雷达发现的概率。"梭鱼"无人机的这种气动外形先后在法国、瑞典、德国进行了多次风洞测试，结果显示其飞行性能完全满足设计要求。

"梭鱼"无人机的机载电子设备系统采用模块化设计方式，可以根据任务需要将任务模块自由组合到机身上。该机的飞行控制系统、目标电子设备、导航系统均采用双冗余度设计方案。

德国空军人员正在检修"梭鱼"无人机

"梭鱼"无人机起飞

加拿大／德国／法国 CL-289 无人机

CL-289 无人机是由加拿大、德国和法国联合研制的一款主要用于侦察的无人机，已大量装备法国和德国军队。

研发历史

CL-289 无人机原本是加拿大和德国的一项联合研制计划，开始于 1976 年，第二年法国也参与进来。1986 年，CL-289 无人机开始批量生产。1990 年，德国陆军对第一批生产的 CL-289 无人机进行了系统有效性实验，同年 11 月装备德国陆军。1992 年，CL-289 无人机开始在法国陆军服役。

基本参数	
制造商	康纳戴尔
机身长度	3.61 米
翼展	1.32 米
空重	127 千克
最大起飞重量	240 千克
巡航速度	740 千米／时
最大航程	200 千米
实用升限	3 000 米

性能解析

CL-289 无人机的结构布局为圆形金属机身，带有塑料头锥，主要侦察设备为照相和红外扫描探测设备，能够执行昼夜战场情报搜集任务。无人机可从移动卡车的零长射架上发射起飞，发射后不久助推火箭自动分离。回收方式为降落伞回收，无人机先由锥形伞减速，然后主伞打开，并使无人机的背部向下，随后前后充气囊充气，在着陆时发挥缓冲作用。

CL-289 无人机及其发射装置

仰视 CL-289 无人机

加拿大 CQ-10 "雪雁" 无人机

CQ-10 "雪雁" 无人机是由加拿大活动综合系统技术公司研制的小型无人机，主要用户为加拿大军队和美国特种作战司令部。

研发历史

CQ-10 "雪雁" 无人机也被称为 "风支持空中投放系统"，主要用于空中精确投放传单以进行心理战。美国陆军对 "雪雁" 无人机的研发给予了大量的资金支持。2001 年 4 月，"雪雁" 无人机首次试飞成功。加拿大活动综合系统技术公司先后研制了 CQ-10A 和 CQ-10B 两种型号。

基本参数	
制造商	活动综合系统技术
机身长度	2.9 米
空重	270 千克
最大起飞重量	635 千克
最高时速	120 千米 / 时
最大航程	600 千米
实用升限	5 500 米

性能解析

"雪雁" 无人机采用 1 台螺旋桨发动机作为动力，并配置了 1 副降落伞，以便它留空时间更长和携带更大的有效载荷。当装载 270 千克有效载荷时，"雪雁" 无人机能飞行大约 19 小时。该机可以自主飞行，采用卫星导航，也可人工控制飞行。"雪雁" 无人机可以在 7 620 米高空从 C-130、C-141 或 C-17 运输机上发射，或者从 "悍马" 装甲车上发射。该机可以重复使用，并且可以无跑道着陆。

"雪雁" 无人机可在 305 米高度上飞行，并在 1 千米范围的目标区域投放传单。与从有人驾驶飞机上人工投放传单相比，"雪雁" 无人机的投放更加精确。

因为有人驾驶飞机是在高空投放传单，而高空投放的一些传单将不会落在地面。该公司的发言人表示，"雪雁"无人机比美国特种作战司令部正在使用的"传单炸弹"更精确，比用人在敌人区域散发传单更安全。

战场上的"雪雁"无人机

航展中的"雪雁"无人机

意大利"天空"X无人机

"天空"X无人机是由意大利阿莱尼亚航空公司研制的无人攻击机。

研发历史

"天空"X无人机原本是阿莱尼亚航空公司为响应"欧洲无人攻击机"计划而率先提出的设计方案。由于得到意大利政府提供的2 500万欧元的支持，项目进展迅速。除阿莱尼亚航空公司外，意大利国内还有多家公司参与了"天空"X无人机子系统的研制工作。2004年年底，"天空"X无人机开始地面测试。2005年5月29日，"天空"X无人机首次试飞成功。此后，阿莱尼亚航空公司带着"天空"X无人机的技术和经验参与了法国主导的"神经元"无人机项目。

基本参数	
制造商	阿莱尼亚航空
机身长度	7.8米
机身高度	1.86米
翼展	5.94米
空重	1 000千克
最大起飞重量	1 450千克
最高时速	800千米/时
最大航程	200千米
实用升限	7 260米

性能解析

"天空"X无人机有1个腹部模块化弹舱，用于放置弹药，其有效载荷为200千克。该机使用1台TR160-5/628型涡轮发动机，动力强劲，可使"天空"X无人机的最高速度达到800千米/时，巡航速度达到468千米/时。根据阿莱尼亚航空公司公布的数据，"天空"X无人机的最大过载超过5G，航程200千米。从飞行性能来看，"天空"X无人机与美国"捕食者"无人机相比也极具优势。

航展中的"天空"X 无人机

"天空"X 无人机（右）与"天空"Y 无人机（左）

意大利 P.1HH "锤头" 无人机

P.1HH "锤头" 无人机是一款用于情报收集、监察及侦察的中长程无人机，由意大利比亚乔航空工业公司基于同厂生产的 P.180 "前进" 商务飞机改进而成。

研发历史

2013 年 2 月 14 日，P.1HH 试验机首次启动发动机及进行跑道滑行测试。此次测试代表 P.1HH 无人机计划进入最后测试阶段。2月 18 日，P.1HH 无人机模型在阿布扎比国际防务展中亮相，也是第一次向全球公开展示其原貌。6 月 12 日，先进载具控制及管理系统（VCMS）测试成功，标志着该机拥有能完全自主控制发动机运作及自动刹车系统。11月 14 日，由一架 P.180 商务飞机改装而成的

基本参数	
制造商	比亚乔航空工业
机身长度	14.41 米
机身高度	3.98 米
翼展	15.6 米
最大起飞重量	6 146 千克
最高时速	731.5 千米/时
最大航程	8 150 千米
实用升限	13 716 米
实用升限	7 260 米

P.1HH 试验机，在意大利特拉帕尼空军基地成功进行首次试飞。2014 年 12 月，P.1HH 首架原型机成功在特拉帕尼空军基地进行首次试飞，确定了该机的气动力结构及控制系统。2016 年 3 月，阿联酋空军订购 8 架 P.1HH 无人机，成为该机第一个外销客户。

性能解析

P.1HH 无人机沿用了 P.180 商务飞机的外形，采用三翼面（前置翼、主翼及水平尾翼）结构。两者的区别在于 P.1HH 无人机的翼展较长，并且使用了可拆除主翼设计，方便该机以海陆空各种方式运输。P.1HH 无人机的大体积、低阻力机身提供了更多机内空间，足以容纳所需要的通信设备、感应器等装置。该机采用美国制造的 Star SAFIRE 380HD EO/IR 光电侦搜系统，可以在昼夜下

以光学或红外线镜头拍摄全高清及彩色影像，并自动嵌入地理数据及感应器资料。由于该系统整合了所有组件，故不需要任何外置组件或专属接口。

P.1HH 无人机拥有先进载具控制及管理系统（VCMS），配合飞行控制计算机（FCC）和伺服界面装置（SIU）操控飞机翼面及机载仪器。地面控制台可透过空中资料链向该系统发出指令。系统内亦配备惯性感应器（INS）及探针收集位置、飞行高度及飞行数据。此外，该系统可控制无人机自动起飞及降落。

P.1HH 无人机准备起飞

P.1HH 无人机在高空飞行

奥地利 S-100 无人机

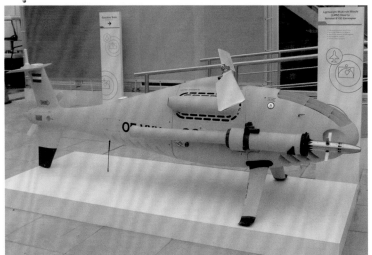

　　S-100 无人机是由奥地利西贝尔公司研制的无人直升机，主要用户为阿联酋武装部队和德国海军。

研发历史

　　2012 年，西贝尔公司完成了 S-100 无人机的首次飞行，试飞地点位于西贝尔公司奥地利维也纳新城生产厂附近。S-100 无人机配备了西贝尔公司专门为其研发的重油发动机，有效降低了战场后勤保障成本。S-100 无人机可以应用到多个领域，包括民用和军用，军用方面主要用于战术侦察监视、炮火支援、海上监视和两栖支援等。

基本参数	
制造商	西贝尔
机身长度	3.11 米
机身高度	1.12 米
机身宽度	1.24 米
空重	110 千克
最大起飞重量	200 千克
最高时速	222 千米 / 时
最大航程	180 千米
实用升限	5 486 米

性能解析

　　S-100 无人机可以垂直起飞和降落，不需要发射和回收设备，在战术环境中能达到高性能和易操控性的平衡。操作员可采用两种模式控制 S-100 无人机的飞行：一种是通过简单的指向和点击用户图形界面设定飞行程序自动飞行；另一种是手动操控飞行。S-100 无人机的系统设计非常合理，由于安装了综合检查装置和自动防故障装置，大大减少了由于操作员错误操作造成的危害，也最大限度减少了操作员劳动强度。

S-100 无人机的外形尺寸相对较小，但却具有较大的航程和有效载荷能力。该机没有提供固定的有效载荷，主要有 2 个有效载荷舱，可根据客户的需求综合配置多种有效载荷。S-100 无人机的机身是碳纤维硬壳式结构，具有优良的强度／重量比，能达到载荷能力与续航能力的最大化。

S-100 无人机在低空飞行

黑色涂装的 S-100 无人机

挪威"黑色大黄蜂"无人机

　　"黑色大黄蜂"无人机是由挪威设计并制造的军用微型无人机，可执行搜救或军事侦察任务，美国和英国特种部队都在测试这种无人机。

研发历史

　　"黑色大黄蜂"无人机由挪威普罗克斯动力公司设计，除挪威陆军外，美国陆军、美国海军陆战队、英国陆军和澳大利亚陆军也有装备。2013 年，英国曾将"黑色大黄蜂"无人机用于阿富汗战场，使其成为世界上最早用于军事行动的微型无人机。"黑色大黄蜂"无人机造价不菲，单价达 4 万美元。2015 年，总部设在英国萨里的马尔堡通信公司获得了英国军方总值 2 000 万美元的合同，负责为英国军队提供和保养 160 架"黑色大黄蜂"无人机。

基本参数	
制造商	普罗克斯动力
机身长度	0.1 米
机身高度	0.025 米
旋翼直径	0.1 米
空重	0.016 千克
最高时速	35 千米 / 时
续航时间	30 分钟

性能解析

　　"黑色大黄蜂"无人机的尺寸很小，重量也很轻，能够完全放置在手掌之中。这种无人机携带非常方便，可以在各种严峻环境中（包括有风的情况下）安全操作。使用时，操控者只需轻轻地向空中投掷即可。"黑色大黄蜂"无人机装有微型摄像机以及多个热成像摄影机，通常用于执行跟踪、监视任务，可以将拍摄到的画面即时传送到手持式控制终端机。该无人机主要依靠电池供电，遥控有效距离为 800 米。

小巧玲珑的"黑色大黄蜂"无人机

美军士兵正在操作"黑色大黄蜂"无人机

南非"秃鹰"无人机

"秃鹰"无人机是由南非先进技术与工程公司（ATE）研制的无人侦察机，主要为炮兵提供侦察和瞄准服务。

研发历史

"秃鹰"无人机计划的招标始于1994年，由先进技术与工程公司赢得。2005年4月，"秃鹰"无人机成功进行了飞行试验，在高达46.3千米/时的强风中发射，并利用数据链飞往60千米外，再按预编程序飞行3.5小时。

性能解析

"秃鹰"无人机系统包括地面控制站、无人机气压弹射发射器和回收系统，其中无人机气压弹射发射器包括2架无人机。三大系统都有自己的电力和液压能源，完全独立于运载卡车，需要时可拆换。它们配置在3辆南非陆军制式10吨级卡车上，机动灵活，可快速部署，行军到战斗之间的转换时间仅需30分钟。

基本参数	
制造商	先进技术与工程
机身长度	3.4 米
翼展	5.2 米
最大起飞重量	135 千克
巡航速度	120 千米 / 时
最高时速	140 千米 / 时
最大航程	200 千米
续航时间	4 小时

配置在卡车上的"秃鹰"无人机系统

"秃鹰"无人机系统正前方视角

南非"短尾鹰"无人机

"短尾鹰"无人机是由南非丹尼尔公司研制的中空长航时监视无人机。

研发历史

　　"短尾鹰"无人机由丹尼尔公司自主研发，2006年首次试飞。丹尼尔公司是南非最大的国防装备制造商，除无人机外，还设计和制造火炮、装甲车辆、直升机和导弹等众多类型的武器装备。"短尾鹰"无人机价廉物美，不仅可用于执行海岸巡逻任务，还可以执行实时昼/夜监视、电子和通信信息采集、照相侦察、空中通信中

基本参数	
制造商	丹尼尔
翼展	15米
最大起飞重量	1 000千克
最高时速	250千米/时
最大航程	750千米
实用升限	8 000米

继目标定位和指示、炮兵射击支援、搜索和救援、战场监视、边界巡逻和战斗损失情况评估等多种任务。

性能解析

　　丹尼尔公司为加快"短尾鹰"无人机的研制进度，采用了现有的"搜索者"无人机和"贼鸥"靶机上使用的电气设备，这些设备经过了实战检验，可靠性较强。此外，地面数据处理和控制等也采用"搜索者"无人机的战术地面站，这样可以大大节约研发成本。"短尾鹰"无人机的机体采用模块化设计，拆解后可装在6米长的国际标准集装箱内，机动运输非常方便。该机的任务载荷主要为合成孔径雷达、航空电子情报系统、激光指示器，以及带激光测距仪的昼/夜光电传感器，最大有效载荷可达200千克。

"短尾鹰"无人机后方视角

"短尾鹰"无人机前方视角

印度"尼尚特"无人机

　　"尼尚特"无人机是由印度国家航空发展局（ADE）研制、印度斯坦航空公司负责制造的无人侦察机。

研发历史

　　"尼尚特"无人机的研制工作始于1991年10月，预计于1995年4月完工，但由于各种原因，研制工作持续了近十年。直到2001年才生产出原型机，并进行了测试。2010年6月，"尼尚特"无人机已经完成了第100次试验飞行。印度陆军预计会采购12架"尼尚特"无人机，总价值约34.8万美元。

性能解析

基本参数	
制造商	印度斯坦航空
机身长度	4.63米
翼展	6.57米
空重	380千克
有效载荷	45千克
最高时速	185千米/时
最大航程	160千米
实用升限	3 600米

　　"尼尚特"无人机利用火箭助推器发射起飞，通过降落伞进行回收。机上装有昼间电视摄像机、微型全景摄像机、激光测距仪、目标指示器、无线电电子侦察设备、通信系统侦察设备和2个从以色列进口的红外传感器。该机的发动机为印度国产的"汪克尔"旋转式发动机。

航展中的"尼尚特"无人机

"尼尚特"无人机及其发射装置后方视角

印度"鲁斯特姆"无人机

"鲁斯特姆"无人机是由印度国防研究与发展组织（DRDO）正在研制的中空长航时无人机，印度三大军种均有装备计划。

研发历史

"鲁斯特姆"无人机由印度国防研究与发展组织下属的航空发展机构负责研发，其主要技术性能将能与同时代的先进无人机（如目前在印度武装部队服役的以色列"苍鹭"无人机）相媲美。"鲁斯特姆"1型在2009年11月16日首次试飞，但因故坠毁。改进后的"鲁斯特姆"2型在2016年11月15日首次试飞。此外，该组织还制造了体积较大的"鲁斯特姆"H型，其机头形状和机翼与美国"全球鹰"无人机颇为相似。

基本参数	
制造商	印度国防研究与发展组织
机身长度	5.12 米
机身高度	2.4 米
翼展	7.9 米
空重	720 千克
最高时速	150 千米/时
最大航程	350 千米
实用升限	8 000 米

性能解析

"鲁斯特姆"无人机拥有超过24小时的续航时间，250~500千克的有效载荷，以及较低的雷达和声波信号。"鲁斯特姆"无人机还能够通过卫星进行数据传输，从而使其监控范围超过1 000千米。"鲁斯特姆"无人机搭载以色列的海上巡逻雷达和电子光学传感器，电子战和通信系统由印度自行生产。

航展上的"鲁斯特姆"H 型

"鲁斯特姆"H 型前方视角

印度"拉克什亚"无人机

"拉克什亚"无人机是由印度国防研究与发展组织（DRDO）主持研制的无人驾驶靶机，于 2000 年开始服役，主要用于射击训练。

研发历史

"拉克什亚"是印度斯坦航空公司按照印度国防研究与发展组织的要求制订的靶机 / 巡航导弹双重目的发展计划，它于 1982 年开始实施，最初只是进行靶机研发。到 1985 年靶机首次试飞成功后，又开始在靶机试验结果的基础上着手研制"拉克什亚"巡航导弹。

基本参数	
制造商	印度国防研究与发展组织
机身长度	2.385 米
翼展	5 米
最大起飞重量	705 千克
最高时速	858 千米 / 时
最大航程	150 千米
实用升限	9 000 米

性能解析

"拉克什亚"靶机的飞行高度可达 9 000 米，能通过降落伞回收，在飞行中可通过自动驾驶仪进行倾斜、翻转和偏航控制。印度国防部还将"拉克什亚"靶机改装为侦察机，并在奥里萨邦成功试飞。据悉，这次成功试飞的无人机装备了新的动力装置和印度自行研发的机载电子系统，性能得到大幅提高。"拉克什亚"巡航导弹采用惯性＋主动雷达的制导方式，射程达 600 千米，巡航高度为 15 ~ 100 米，弹长 6 米，可携带重达 450 千克的常规战斗部。

航展中的"拉克什亚"无人机

"拉克什亚"无人机侧面视角

印度"奥拉"无人机

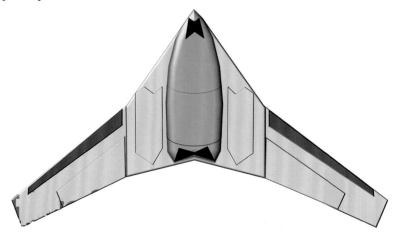

　　"奥拉"无人机是由印度国防研究与发展组织（DRDO）正在研制的无人战斗航空载具（UCAV），主要用户为印度空军和印度海军。

研发历史

　　"奥拉"无人机能够携带导弹、炸弹和精确制导武器，定位与法国"神经元"无人机、英国"雷神"无人机和美国X-47A"飞马"试验机大致相同。该机的设计工作主要是通过印度航空发展局（ADA）进行，计划在2019年或2020年开始服役。报道称，印度在"奥拉"无人机项目上得到了法国达索航空公司的技术支持。另外，瑞典萨伯公司和英国宇航系统公司也为"奥拉"无人机项目提供了协助。

基本参数	
制造商	印度国防研究与发展组织
最大起飞重量	15 000 千克
实用升限	9 144 米

性能解析

　　根据印度航空发展局的描述，"奥拉"无人机是一种具有武器发射能力的自卫、高速、侦察无人机。该机采用"无尾飞翼"布局和隐身外形设计，使用隐身材料和涂层，采用弯曲进气道。根据印度国防研究与发展组织帕拉德博士的说法，"奥拉"无人机可在9 144米的高空飞行，将装备先进的任务传感器，内置弹舱可搭载滑轨发射式导弹和"铺路"精确制导炸弹。

墨西哥 "加维兰" 无人机

"加维兰"无人机是由墨西哥海德拉技术公司研制的小型无人侦察机,主要用户为墨西哥执法机构。

研发历史

"加维兰"无人机由墨西哥海德拉技术公司自主设计和生产,2008 年首次试飞成功,同年先后在北美无人机系统国际协会和英国范堡罗航展上展出。

基本参数	
制造商	海德拉技术
空重	5 千克
续航时间	90 分钟
使用范围	10 千米
实用升限	2 438 米

性能解析

"加维兰"无人机能维持 90 分钟的自主飞行,白天和夜间均可使用。该机的操作方式十分简单,性能也比较稳定。

"加维兰"无人机起飞

"加维兰" 无人机准备降落

第 3 章
军用无人船

　　与载人舰艇相比，无人船拥有机动灵活、隐蔽性好、活动区域广、使用成本低等特点。目前，各国的无人船服役数量很少，主要用于执行海上监视侦察、反水雷战、电子战等军事任务。

美国"海猎"号无人舰

"海猎"号无人舰是由美国国防部高级研究计划局（DARPA）主持研制的无人水面舰，主要用于反潜作战。

研发历史

"海猎"号无人舰的研制工作始于2010年8月，DARPA试图研发一种用于持续跟踪潜艇的长航时无人水面航行器，最初称为"反潜战持续追踪无人艇"（ACTUV）。2014年9月，DARPA与海军研究办公室签署协议，共同出资研发。2015年1月26日，新舰在密西西比河完成操纵性能测试。2015年秋季，

基本参数	
制造商	美国国防部高级研究计划局
长度	40 米
标准排水量	135 吨
满载排水量	145 吨
最高时速	31 节
最大航程	10 000 海里

开始在哥伦比亚河进行测试。2016年1月27日，新舰在俄勒冈州的波特兰附近进行海上测试。

2016年4月7日，新舰被正式命名为"海猎"号，之后开始进行为期两年的项目测试期，预计2018年9月完成全部测试。2016年6月22日，"海猎"号超过了所有预期目标，航速、机动性、稳定性、耐波性、加速/减速、燃料消耗和可靠性均满足要求，能在四级海况下稳定工作。

性能解析

"海猎"号无人舰有无人自主驾驶、长时间巡航和自动搜索跟踪等技术优势，

一旦该舰进入现役，将会大幅提升美军反潜作战能力。"海猎"号安装有多部声呐和光电传感器，可综合运用雷达和探测系统对周边舰艇进行探测识别。该舰拥有优异的隐身性能和较强的对潜探测能力，可与濒海战斗舰组成混合舰队，以弥补大型水面舰艇在浅水区对潜艇侦察的劣势。"海猎"号无人舰可与 P-8A 反潜巡逻机、MQ-4C 侦察机、反潜声呐浮标等组成传感器网络，用于全球海洋监视。

相比传统作战舰艇，"海猎"号无人舰可在无人驾驶和远程操作方式下运行。在五级海况下，"海猎"号无人舰可在海上自动连续执行反潜任务至少 70 天，按正常速度巡航，至少可以航行 10 000 海里。此外，"海猎"号无人舰在测试中航速高达 31 节，超过大多数常规潜艇的最高机动速度，可确保对潜艇的密切追踪。在试验中，"海猎"号无人舰可以成功追踪 1 千米外的目标潜艇。因常规作战潜艇，必须定期上浮进行充电，所以很难逃出"海猎"号无人舰的跟踪和猎杀。

一旦发现目标，"海猎"号无人舰将快速冲向指定海域，使用两侧的低频被动声呐吊舱采集水下不明目标的声纹信息与反潜指挥中心的数据进行比对，同时利用本艇上的高频声呐保持对水下目标的持续高精度跟踪，最后，用甚高频声呐扫描水下不明目标的图像，以便识别和分类。按照设想，"海猎"号无人舰的价格较为低廉，目的在于用更低的成本让对手花更多的钱进行反制，从经济上把对手拖垮。

"海猎"号无人舰下水

"海猎"号无人舰在波特兰威拉米特河中航行

"海猎"号无人舰前方视角

高速航行的"海猎"号无人舰

美国"斯巴达侦察兵"无人艇

"斯巴达侦察兵"无人艇是美国研制的一款无人水面艇。

研发历史

2001 年，美国海军水下作战中心正式启动"斯巴达侦察兵"无人艇的研制工作，2004 年法国加入。该艇自问世以来备受各军种重视，美国海军陆战队将其用于执行远征后勤和再补给任务，特种部队将其用于水文调查及其他侦察、欺骗任务，陆军将"地狱火"等导弹装备该艇执行精确打击任务，协助内陆湖泊区域的作战。目前，"斯巴达侦察兵"无人艇已装备美国海军近海战斗舰，参与作战部署。

基本参数	
制造商	美国海军水下作战中心
长度	7 米
排水量	2 吨
最大载荷	1.4 吨

性能解析

"斯巴达侦察兵"无人艇有半自主能力，可从水面舰船或岸上入水，可装备模块化载荷执行水雷战、监视、侦察、部队防护、港口防护、反潜战，以及对敌水面和陆地目标实施精确打击等任务。该艇除了具备光电系统之外，还可以携带多种武器系统，包括"地狱火"导弹和"标枪"导弹等。

"斯巴达侦察兵"无人艇的最大负载为 1 400 千克，用户可以根据自己的需要选择载荷。据悉，该艇也有尺寸加大的版本，艇体长度达到 11 米，最大负载增至 2 300 千克。2003 年，"斯巴达侦察兵"无人艇随同美国海军"盖茨堡"号导弹巡洋舰一起进行了联合作战测试，测试中该艇脱离巡洋舰并在巡洋舰作战管理中心的便携式电脑控制下行动，成功完成了测试任务。

美国"食人鱼"无人艇

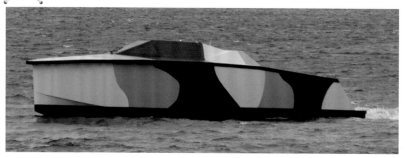

"食人鱼"无人艇是由美国塞威船舶公司研制的一款无人水面艇。

研发历史

"食人鱼"无人艇的研制工作始于 2010 年 2 月，同年 10 月开始在西雅图普吉特海湾进行海上航行试验，持续到同年 11 月。与"斯巴达侦察兵"无人艇相比，"食人鱼"无人艇的设计更为前卫、大胆。

基本参数	
制造商	塞威船舶
长度	16.5 米
排水量	3.6 吨
最大载荷	6.8 吨
最大航程	2 170 海里

性能解析

"食人鱼"无人艇的艇体长达 16.5 米，几乎全部使用最新的碳纤维－纳米管复合材料建造。虽然"食人鱼"无人艇的排水量只有 3.6 吨，但它可以携带的有效载荷却超过 6.8 吨。

"食人鱼"无人艇被认为可以胜任美国海军和海岸警卫队时下的各种任务，包括港口和海岸巡逻、搜索与救援、打击海盗及反潜等。"食人鱼"无人艇开始服役后，美国海军和海岸警卫队就可以让更多的有人舰艇转作他用。

"食人鱼"无人艇侧面视角

高速航行的"食人鱼"无人艇

美国"海狐"无人潜艇

"海狐"无人潜艇是由美国阿特拉斯电子公司研制的一款小型无人潜艇。

研发历史

"海狐"无人潜艇诞生于 20 世纪 90 年代，主要有"海狐"Ⅰ型和"海狐"C 型两种型号，前者主要用于侦察，后者主要用于攻击。除美国海军外，英国海军、芬兰海军和德国海军也采用了"海狐"无人潜艇。2001 年，英国海军向美国海军租借了"海狐"无人潜艇，部署在"班格尔"号猎雷舰和"布莱斯"号猎雷舰（均属于"桑当"级猎雷舰）上，并先后在伊拉克和利比亚的行动中投入使用。

基本参数	
制造商	阿特拉斯电子
长度	1.2 米
空重	45 千克
水下航速	6 节 / 时
最大航程	0.5 海里
潜航深度	1 000 米

性能解析

"海狐"无人潜艇的体积较小，长约 1.2 米，配备 1 台闭路电视摄像机和声呐定位仪。"海狐"无人潜艇可以通过直升机和小型橡皮艇部署，或者由扫雷舰运送到指定的海域。这种无人潜艇通过光纤进行控制，能向遥控操作员发回实时视频。

"海狐"无人潜艇的下潜深度大约为 1 000 米，除用于侦察外，还可进行攻击。从某种程度上说，这种单价约 10 万美元的无人潜艇也是一种"自杀式武器"，能用内置大口径破甲弹摧毁水雷。美国海军主要利用"海狐"无人潜艇进行江河地区的作战评估以及远征部队的安全保障等。

芬兰海军装备的"海狐"无人潜艇

等待部署的"海狐"无人潜艇

美国"雷穆斯"无人潜艇

"雷穆斯"无人潜艇是由美国伍兹霍尔海洋研究所设计的自主式无人潜艇，其名称意为"远程环境探测单位"（Remote Environmental Monitoring UnitS，REMUS）。

研发历史

"雷穆斯"无人潜艇诞生于20世纪90年代，主要有100型、600型和6000型等型号。2003年，"雷穆斯"无人潜艇曾参与美军于伊拉克战争初期在伊拉克近海进行的排雷任务。2011年，"雷穆斯"6000型无人潜艇还曾帮助寻找失事的法国航空447号班机的"黑匣子"，并成功发现了失事班机的大部分残骸，包括机身、机翼、发动机及起落架。

基本参数	
制造商	伍兹霍尔海洋研究所
长度	3.25米
空重	227千克
潜航深度	600米

性能解析

"雷穆斯"无人潜艇是一种低成本、高效率的装备，被用于浅海航道测量、水雷监视和物体搜索等工作。"雷穆斯"无人潜艇采用模块化设计，可搭载多种类型的传感器，配备有双频侧扫声呐、合成孔径声呐、声学成像系统、摄像机以及全球定位系统等。

2015年4月，美国海军在"弗吉尼亚"级攻击型核潜艇上首次部署了"雷穆斯"600型无人潜艇，以在全球战略热点地区执行水下任务。"雷穆斯"600型无人潜艇通过"弗吉尼亚"级潜艇上一个11米长的任务模块释放。同年7月，美国海军"北达科他州"号核潜艇成功在水下发射并回收了"雷穆斯"600型无人潜艇。

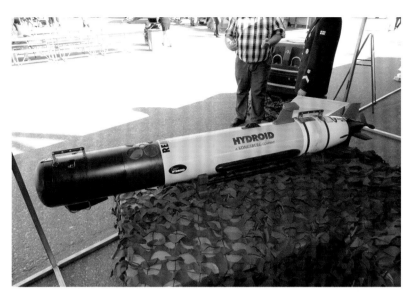

"雷穆斯" 100 型无人潜艇

"雷穆斯" 6000 型无人潜艇

美国"海马"无人潜艇

"海马"无人潜艇是由美国宾夕法尼亚大学研制的无人驾驶潜航器，可用于搜集海洋数据。

研发历史

"海马"无人潜艇是美国国防部高级研究计划局（DARPA）分配给美国海军的一个技术项目，由于美国海军对这种无人潜艇的军事要求并不严格，所以将研制任务交给了宾夕法尼亚大学应用研究所，后者于 2000 年 10 月交付了"海马"Ⅰ

基本参数	
制造商	宾夕法尼亚大学
长度	8.5 米
直径	1 米
续航时间	72 小时
最大航程	300 海里

型无人潜艇，2001 年 10 月又交付了"海马"Ⅱ型无人潜艇。此后，宾夕法尼亚大学应用研究所仍继续研究后继型号。为了能在海军军事测量船上使用，美国海军对"海马"无人潜艇进行了改进，增加了它的续航能力，并使其可以从任何一个平台（甚至是岸上基地）进行部署。

性能解析

"海马"无人潜艇配备了 150K 赫兹的声呐系统，300K 赫兹的声学"多普勒"横向全面调节器、全球定位系统天线以及惯性导航系统，堪称海洋测量船的力量倍增器，它能在世界滨海地区收集高质量数据。"海马"无人潜艇的外形非常像一枚鱼雷，但其体积较大，因此无法通过普通的鱼雷管进行发射。

"海马"无人潜艇采用了模块化设计，能够在最短时间内通过更换搭载设备的方式执行各种不同任务，其行进路线可由计算机提前设定。由于使用了水力控制推动器，加上前后都装有压舱系统，"海马"无人潜艇能执行各种高难度任务。

"海马"无人潜艇准备下水

"海马"无人潜艇侧后方视角

美国"刀鱼"无人潜艇

"刀鱼"无人潜艇是由美国通用动力公司研制的无人潜水器，主要用于搜寻和拆除鱼雷。

研发历史

在很长一段时间内，美国海军主要依靠潜水员和训练有素的海豚，加上水下相机、传感器来搜寻并拆除鱼雷。为了应对未来的挑战，美国海军开始建造无人潜艇来执行鱼雷搜索和拆除任务。2012年，"刀鱼"无人潜艇的研制工作正式开始，美国海军计划用5年时间、花费1.7亿美元来打

基本参数	
制造商	通用动力
长度	5.8米
直径	0.53米
空重	771千克
续航时间	16小时

造这款无人潜艇。第一艘"刀鱼"无人潜艇计划在2017年下半年交付使用，预计到2034年的生产数量将达到30艘。

性能解析

"刀鱼"无人潜艇的外形很像一枚鱼雷，它使用锂电池供电，满电状态可一次性潜航约16小时。与传统的无人潜艇相比，"刀鱼"无人潜艇的功能更加强大，它能发出低频电磁波来扫描物体（如鱼雷），然后把图像发回母舰以供分析。"刀鱼"无人潜艇的研究人员曾用一个比喻来解释它的威力：它可以从深海1台冰箱大小的凌乱垃圾中找出1枚鱼雷。

美国"幽灵泳者"无人潜艇

"幽灵泳者"无人潜艇是由美国波士顿工程公司研制的一款无人潜水器。

研发历史

"幽灵泳者"无人潜艇的研制工作始于2012年，其目的主要是验证以仿生技术研制无人潜水器的可能性。美国海军于2014年12月11日在小溪 – 斯多利堡联合远征基地完成了"幽灵泳者"无人潜艇的水中测试。在这之前，波士顿工程公司一直在利用这种金枪鱼大小的无人潜艇来收集小溪 – 斯多利堡联合远征基地海域的潮汐、洋流和天气状况，并为后继研发工作做准备。

基本参数	
制造商	波士顿工程
长度	1.52 米
空重	45.4 千克
潜航深度	90 米

性能解析

"幽灵泳者"无人潜艇的形状和游动方式都类似于大型鱼类，它能帮助美国海军完成更多类型的任务，同时还能保证潜水员和水手的安全。美国海军作战发展司令部认为，仿生技术的应用使"幽灵泳者"无人潜艇能在低能见度情报监视与侦察任务中具有更高的安全性，更方便进行船体检查，同时，采用摆动尾鳍的推进方式比采用螺旋桨推进更加安静。

"幽灵泳者"无人潜艇可以携带声呐、水下摄像机等进行监视和侦察任务。它既可以悬浮在水面工作，也能下潜90米左右工作，还可收集潮汐、潮流和温度等数据，并能将数据和图像实时传回母舰。"幽灵泳者"无人潜艇采用电池驱动，能够自主工作较长时间。该艇可通过1根150米长的系绳与笔记本电脑连接。如果不采用系绳连接，"幽灵泳者"无人潜艇就需要定期上浮到水面来接收数据和指令。

测试中的"幽灵泳者"无人潜艇

戴有保护套的"幽灵泳者"无人潜艇

美国大直径无人潜航器

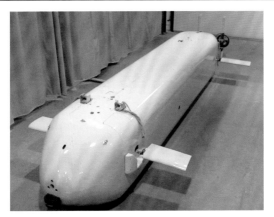

大直径无人潜航器（LDUUV），由美国海军研究局研制。

研发历史

LDUUV 的研制工作始于 21 世纪初，2015 年 4 月中旬在美国海军的"2015 年海空天博览会"上首次展出。2015 年 8 月，美国海军批准了 LDUUV 项目的风险降低决议，即该项目达到了"里程碑 A"阶段，标志着该项目获得了进入

基本参数	
制造商	美国海军研究局
长度	5.5 米
排水量	5 吨
续航时间	28 小时

下一步开发阶段的授权。2016 年 1 月，LDUUV 开始进行 900 ~ 1 100 海里的无人自主航行测试。美国海军研究局尝试通过 LDUUV 解决无人潜航器的长期自主水下作业，利用传感器实现安全自主导航等问题。2020 年，LDUUV 已经具备完全作战能力。

性能解析

LDUUV 代表了世界无人潜航器（UUV）的研究前沿，在多项性能上都有跨越式发展，它给海军作战人员带来改变游戏规则的能力。LDUUV 能够搭载不同传感器和任务模块，灵活配置，自动控制能力更高，能够长时间、远距离的执行任务。它既可独立使用，也可在包括巡航导弹核潜艇、攻击型核潜艇和水面舰艇等多种平台上部署。

LDUUV 具有扫雷、跟踪、情报侦察、自主工作、智能化攻击的能力，可搭载各种类型的导弹、炸弹甚至核弹进行自主攻击。由于 LDUUV 的直径大于

鱼雷发射管，所以要通过改装后的弹道导弹核潜艇导弹发射筒或由核潜艇背负的特种容器进行部署与回收。相比传统潜航器，LDUUV 除了具备更强的多重探测能力外，攻击能力也更加强大。

LDUUV 侧前方视角

LDUUV 后方视角

美国 X-2 无人艇

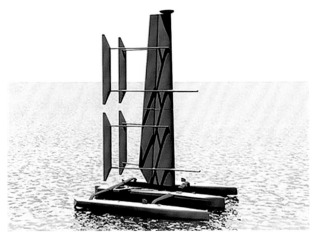

X-2 无人艇是由美国港翼技术公司研制的三体无人快速侦察艇，可帮助美国海军和海岸警卫队完成海岸监视、禁毒、拦截、巡逻等任务。

研发历史

X-2 无人艇是美国海军"港翼"系列无人艇的最新原型艇。2008 年，第一艘"港翼"原型艇就已经开始在美国夏威夷珍珠港外海试航。在"港翼"系列无人艇的研发过程中，美国港翼技术公司得到了美国海军的支持和 1 000 万美元的研发经费。除了对其进行总体设计

基本参数	
制造商	港翼技术
长度	15 米
宽度	12 米
最高航速	30 节

之外，为了加快发展速度，美国海军还专门出资研究它的关键技术。

性能解析

X-2 无人艇是一种全自动无人驾驶水面概念艇，相当于一个水面机器人。通过无线电和全球定位系统，控制人员可以在很远距离外的控制平台上输入指令，并通过卫星进行传输，再通过桅杆形的天线接收并传输到 X-2 无人艇的控制系统。从输入指令到无人艇执行动作，只需要 18 秒,定位控制精度在 3 米以内。除了能依靠风帆航行，X-2 无人艇还配备了 1 台电动发动机作为后备动力，这种配置使其具备了在巡航中随意变换航线的能力。

美国 AN/WLD-1 遥控猎雷系统

AN/WLD-1 遥控猎雷系统（Remote Minehunting System，RMS）是由
美国洛克希德·马丁公司研制的遥控扫雷系统。

研发历史

AN/WLD-1 遥控猎雷系统的研制工作始
于 20 世纪 90 年代中期，2013 年完成测试工
作。该系统可用于对水雷进行快速侦察、探
测、分类、识别并准确定位，也可用于反潜
搜索、水面监测和沿海情报收集。目前，AN/
WLD-1 遥控猎雷系统已经装备在美国海军近
海战斗舰，参与作战部署。

基本参数	
制造商	洛克希德·马丁
长度	7 米
直径	1.2 米
自重	7 260 千克
潜航速度	16 节
续航时间	24 小时
操作范围	50 海里

性能解析

AN/WLD-1 遥控猎雷系统为鱼雷形水下航行器，由柴油机推进。头部装有
AN/SQQ-89 前视声呐，同时还用电缆拖曳了一个小型 AN/AQS-20 变深声呐。
变深声呐可对前方和两侧进行搜索，探测和定位锚雷、沉底雷，并利用激光成
像装置识别水雷。布雷位置和雷种等数据通过天线传送给母舰。在视距内，数
据传送采用超短波，超视距范围则可利用短波或卫星来传送。

AN/WLD-1 遥控猎雷系统可由水面作战舰艇吊放进行水雷搜索作业，弥补
了未装备防空武器的扫雷舰艇不能在危险作战海区工作的缺点。美国从"阿利·伯

克"级导弹驱逐舰的第 41 艘"平科尼"号（DDG-91）开始装备 AN/WLD-1 遥
控猎雷系统的吊放和回收设备。2005 年开始建造的"朱姆沃尔特"级驱逐舰也
装备了 AN/WLD-1 遥控猎雷系统，以提高其反水雷作战功能。此外，AN/WLD-1
遥控猎雷系统也是"自由"级和"独立"级濒海战斗舰水雷战模块的一个重要组
成部分。

"自由"级濒海战斗舰搭载的 AN/WLD-1 遥控猎雷系统

展览中的 AN/WLD-1 遥控猎雷系统

美国 AN/BLQ-11 长时间水雷搜索系统

AN/BLQ-11 长时间水雷搜索系统（LMRS）是由美国波音公司研制的远程水雷侦测系统。

研发历史

1999 年 8 月，波音公司启动了 AN/BLQ-11 LMRS 的研制工作。2006 年 4 月，波音公司完成了 AN/BLQ-11 LMRS 第二阶段的测试工作。2007 年，美国海军成功进行了以核潜艇释放和回收 AN/BLQ-11 LMRS 的测试。未来，AN/BLQ-11 LMRS 将主要装备在美国海军的"弗吉尼亚"级和"洛杉矶"级核潜艇上。

基本参数	
制造商	波音
长度	6 米
直径	0.53 米
自重	1 244 千克
续航时间	60 小时
潜航深度	300 米

性能解析

AN/BLQ-11 LMRS 的官方定位是一款远程水雷侦测系统，能搜索水雷（包括布设在水底的水雷、漂浮的水雷）或其他物体的声呐装置。但实际上，AN/BLQ-11 LMRS 可为攻击型核潜艇提供前方侦察，或对一块特定区域进行搜索。在作业过程完成后，它会自动返回潜艇并由一部特制的机械臂来回收。每套 AN/BLQ-11 LMRS（2 具无人潜航器、回收机械臂和其他装置）的成本超过 1 亿美元。

　　AN/BLQ-11 LMRS 的大小与鱼雷相近，可通过鱼雷发射管发射、回收，其续航时间为 60 小时，可与潜艇保持 135 千米的距离。AN/BLQ-11 LMRS 由电池提供动力，利用推力矢量喷水式推进器运行和操控。过去的无人潜航器是有线控制的，而 AN/BLQ-11 LMRS 能够独立完成任务。除全球定位系统外，AN/BLQ-11 LMRS 还拥有侧扫声呐、前视声呐、猎雷和靠泊声呐、声通信装置等设备。

AN/BLQ-11 LMRS 入水瞬间

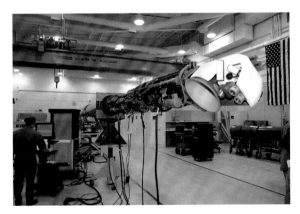

研制中的 AN/BLQ-11 LMRS

以色列"保护者"无人艇

"保护者"无人艇由以色列拉斐尔公司主持研制，英国宇航系统公司和美国洛克希德·马丁公司协助研发。

研发历史

"保护者"无人艇的研制工作始于 21 世纪初，在其研制过程中充分借鉴了以色列的无人机技术，并采用了模块化设计方式。"保护者"无人艇是以色列发展较早的无人艇项目，目前发展已经较为成熟，其隐身性能也较为出色，并装有现代化传感器系统和多样化武器系统。2006 年，"保护者"无人艇开始服役。除以色列海军外，新加坡海军和墨西哥海军也有装备。

基本参数	
制造商	拉斐尔
长度	9 米
宽度	3.5 米
吃水深度	0.45 米
排水量	4 吨
最高航速	50 节
最大航程	400 海里

性能解析

"保护者"无人艇以 9 米长的刚性充气艇为基础，喷水推进，最高航速为 50 节，最大作战有效载荷为 1 000 千克。其传感器载荷主要包括导航雷达和"托普拉伊特"光学系统，其中"托普拉伊特"光学系统为多传感器光电载荷系统，可在白天、夜晚及各种不利的气候条件下完成手动或自动昼/夜观测及目标指示。

"保护者"无人艇配备了"微型台风"武器系统。该系统以拉斐尔公司的"台风"遥控稳定武器系统为基础，可使用 12.7 毫米机枪或 40 毫米自动榴弹发射器，还可选装 30 毫米舰炮。此外，"微型台风"武器系统还配装有全自动火控系统和昼夜用照相机，形成了一套完整的综合无人作战系统。

"保护者"无人艇的 1：6 比例模型

展览中的"保护者"无人艇

以色列"银色马林鱼"无人艇

"银色马林鱼"无人艇是由以色列埃尔比特公司设计并生产的一款无人艇。

研发历史

　　"银色马林鱼"无人艇是以色列继"保护者"无人艇之后研发的又一款多功能无人水面艇。该艇既能自主操作，也可通过无线电遥控操作，能够执行情报搜集、监视与侦察、兵力保护、反恐、反舰、反水雷、搜索与救援和特种作战等多种任务。2006年，"银色马林鱼"无人艇开始服役。

性能解析

基本参数	
制造商	埃尔比特
长度	10.67 米
排水量	4 吨
最大载荷	2.5 吨
最高航速	45 节
续航时间	24 小时
最大航程	500 海里

　　"银色马林鱼"无人艇是一款中型无人艇，艇体采用增强玻璃纤维材料制造。该艇拥有自动规避障碍物的传感器和控制系统，能携带各种负荷，如埃尔比特公司的海用光电设备、固定式遥控武器台，其自主操作系统能增强其在恶劣海况和高速时的性能。"银色马林鱼"无人艇还装备了 1 座紧凑型多功能高级稳定系统传感器转塔，集合了电荷耦合器件电视摄像机、红外热像仪、激光瞄准具、激光测距仪以及激光目标照射器等设备。紧凑型多功能高级稳定系统能发现 6 千米外的橡皮艇、16 千米外的巡逻艇和 15 千米外的飞机。

　　"银色马林鱼"无人艇有一定的适应能力，能够针对环境或任务的变化自动调整控制系统，能够以最佳转向速度、最佳燃油消耗率来航行；采用巡航传感器和稳定系统进行精准航行与导航，并可以自动规避障碍物，防止在航行途中倾覆。"银色马林鱼"无人艇可实现无人水面平台与有人水面平台的有机结合，增强了以色列海军的作战能力。

"银色马林鱼"无人艇

"银色马林鱼"无人艇

以色列"黄貂鱼"无人艇

"黄貂鱼"无人艇是由以色列埃尔比特公司研制的一款无人水面艇。

研发历史

在 2005 年土耳其举办的国际防务展上，埃尔比特公司首次公开展示了该公司自行出资研制的"黄貂鱼"无人艇。该艇是在民用喷水推进艇型基础上研制开发，能够从岸上或者舰艇上对其进行遥控。该艇主要用于近岸活动，出色的能力使其适合执行多种任务，包括近岸目标识别、情报侦察与监视、电子战等。

基本参数	
制造商	埃尔比特
最大载荷	150 千克
最高航速	40 节
续航时间	8 小时

性能解析

"黄貂鱼"无人艇有自主导航与定位能力，其外表高低起伏，有 2 个密封负载舱和 1 个小型（直径 17 厘米）光电塔，带有 CCD 电视摄像头和前视红外装置，负载总重量为 150 千克。"黄貂鱼"无人艇还可以携带动能武器（如机枪）或其他电子战装备。该艇的最高速度可达 40 节，续航能力超过 8 小时，其活动范围取决于它使用的数据链和通信数据包的能力。

以色列"海星"无人艇

"海星"无人艇是由以色列航空工业公司研制的一款无人水面艇。

研发历史

"海星"无人艇是以民用硬壳充气艇为基础研制的，2006 年开始服役，主要用于执行侦察与监视、部队保护、电子战等任务。

性能解析

"海星"无人艇使用了开放式结构设计，可方便地更换或加装传感器和武器。该艇能安装一个功能全面的任务设备包，其中传感器套件包括侦察、监视和目标搜索的昼夜红外 / 可见光传感

基本参数	
制造商	以色列航空工业
长度	11 米
宽度	3.5 米
高度	2.3 米
排水量	6 吨
最大载荷	2.5 吨
最高航速	45 节
最大航程	300 海里

器、声呐和电子支援、电子对抗、电子侦察和通信侦察的电子战套件。"海星"无人艇的主要攻击武器是 1 个带有独立目标传感器的炮座，而配备的其他非致命武器主要包括水枪、声音播放器、非放射性眩晕设备等。"海星"无人艇配有2 台功率为 345 千瓦的柴油发动机，采用喷水推进器推进，最高航速达 45 节，最大航程达 300 海里。

英国"卫兵"无人艇

"卫兵"无人艇是由英国奎奈蒂克公司研制的一款无人水面艇。

研发历史

"卫兵"无人艇是奎奈蒂克公司为了满足英国海军军事设计要求而研发的快速、低雷达截面积的侦察监视无人艇。该艇曾参与英国国防部主导的"海面效应"项目，这一项目主要是为了研究无人艇在水上战场中的应用和效力，以确定无人艇在英国海军中可能担任的作战角色。2007 年，"卫兵"无人艇在苏格兰西海岸的英国水下测试和评估中心参加了多项试验。

基本参数	
制造商	奎奈蒂克
长度	3.5 米
宽度	1.25 米
最高航速	50 节
续航时间	6 小时

性能解析

"卫兵"无人艇使用模块化设计方式,在艇体设计方面十分重视其隐身性能,并采用基于滑行船体喷水推进技术,最高航速可达 50 节。"卫兵"无人艇的艇体长度仅有 3.5 米,水线以上高度仅 1.1 米。该艇有 1 个简单的基于计算机的远程控制台,操作员可以在视距外控制无人艇及艇上设备。"卫兵"无人艇可携带多种有效载荷,执行海港巡逻和安全、侦察和监视以及拦截入侵者等任务。

英国"喷水鱼"无人潜艇

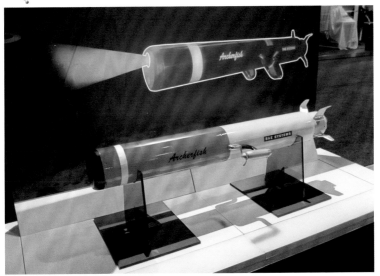

"喷水鱼"无人潜艇是由英国宇航系统公司研制的一款无人潜艇。

研发历史

英国宇航系统公司曾与以色列拉斐尔公司一起研制"保护者"无人潜艇，在无人船的制造方面拥有丰富的经验和先进的技术。"喷水鱼"无人潜艇是英国宇航系统公司独立研制的无人潜航器，已接到美国海军的订单，于 2017 年下半年开始服役。

基本参数	
制造商	英国宇航系统
长度	3.2 米
直径	0.46 米
空重	500 千克

性能解析

英国宇航系统公司在设计上给予了"喷水鱼"无人潜艇很大的灵活性，可以从水面舰艇、潜艇或者直升机上部署。它配有爆破弹头，可用于直接摧毁水雷。"喷水鱼"无人潜艇利用声呐来检测水底目标，其头部可以根据目标进行调整，以保证起到最大的爆破效果。此外，"喷水鱼"无人潜艇还可以部署在英国宇航系统公司的"塔里斯曼"无人潜艇上，进行水文勘测和水雷战支援行动。

英国"塔里斯曼"无人潜艇

"塔里斯曼"是由英国宇航系统公司研制的一款无人潜艇。

研发历史

考虑到本国利益，英国海军除了使用各类进口无人潜航器（如美国的"雷穆斯"600型无人潜艇）之外，也十分重视建造本国的水下无人装备。"塔里斯曼"无人潜艇于2004年开始设计，2009年研制成功，主要用于水下排雷作业。

性能解析

基本参数	
制造商	英国宇航系统
长度	4.5 米
宽度	2.5 米
空重	1 800 千克
最高航速	5 节
潜航时间	12 小时
潜航深度	300 米

"塔里斯曼"无人潜艇的外形酷似跑车，仅重1 800千克，具有独特的声呐搜索系统，能精确锁定水雷的位置。此外，还配备有一个全方位的摄像头。"塔里斯曼"无人潜艇具有高机动性，工作潜深约300米，可以在水下连续工作12小时。这种潜艇可以在水中盘旋，不用掉头就能往任意方向航行。"塔里斯曼"无人潜艇可以部署在任何船只上，无论是指挥舰还是充气艇，都可以成为其载体。

"塔里斯曼"无人潜艇准备入水

"塔里斯曼"无人潜艇的小尺寸模型

法国"检察员"无人艇

"检察员"无人艇是由法国ECA集团研制的一款无人水面艇。

研发历史

ECA集团成立于1936年，以专业的机器人技术、自动系统开发技术及仿真技术而闻名世界。自成立以来，ECA集团就一直处于科技创新的前沿，开发出的技术及产品成本低、效率高，能够应对复杂的工作环境，而"检察员"无人艇便是其中的典型代表。目前，"检察员"无人艇有MK Ⅰ型和MK Ⅱ型两种主要型号。

基本参数	
制造商	ECA
长度	9米
宽度	2.95米
吃水深度	0.6米
排水量	4.3吨
最高航速	35节
续航时间	12小时

性能解析

"检察员"无人艇是一种多用途遥控无人平台,可用于执行海岸和港口保卫、水雷战、浅水区侦察、巡视、海洋研究和舰队训练等任务。由于具有实时数据收集和传送能力，因此它还可执行监测和侦察任务。

"检察员"无人艇使用半刚性艇壳，机动能力强，可深入危险海区部署。该艇总长为9米，利用2台功率为173千瓦的柴油发动机喷水推进，并配备了2台喷水装置以保持艇体平衡。

"检察员" MK Ⅰ型侧面视角

高速航行的 "检察员" MK Ⅱ型

测试中的"检察员"MK Ⅱ型

"检察员"MK Ⅱ型侧面视角

"检察员" MK II 型侧前方视角

法国 PAP-104 无人潜艇

PAP-104 无人潜艇是由法国 ECA 集团研制的一款遥控潜水器。

研发历史

PAP-104 无人潜艇是世界上诞生较早的遥控扫雷潜水器，20 世纪 60 年代后期便已开始研制工作，它的出现开创了全新的反水雷模式。时至今日，PAP-104 无人潜艇已形成一个庞大的家族，共有五代产品。目前，法国、英国、德国、沙特阿拉伯、新加坡、日本和南非等国的海军都装备有 PAP-104 系列无人潜艇。

基本参数	
制造商	ECA
长度	2.7 米
宽度	1.2 米
吃水深度	1.3 米
空重	800 千克
最高航速	6 节
潜航深度	300 米

性能解析

PAP-104 无人潜艇既可扫除锚雷，也可扫除沉底雷，对锚雷采取切断雷索的方式，而对沉底雷则通过投放和遥控起爆灭雷炸弹。PAP-104 无人潜艇的声磁特性极低，其离舰距离最大可达 2 000 米。目前，ECA 集团为 PAP-104 无人潜艇配备了两种新型任选件：一是脐带电缆和卡盘夹头；二是消灭锚雷的新装置。

PAP-104 无人潜艇主要装备在可对水雷进行定位的猎雷艇上，对水雷定位既可采用猎雷声呐，又可采用水面定位系统。PAP-104 无人潜艇主要依靠电池推进，这种电池可在执行任务的间隙在艇上充电或更换。

回收中的 PAP-104 无人潜艇

PAP-104 无人潜艇侧后方视角

PAP-104 无人潜艇侧面视角

PAP-104 无人潜艇等待部署

瑞典"双鹰"无人潜艇

"双鹰"无人潜艇是由瑞典萨伯公司研制的一款遥控潜水器，主要用于搜寻和拆除水雷。

研发历史

"双鹰"无人潜艇的研制工作始于 20 世纪 90 年代。在 1994 年 10 月的巴黎和布雷斯特欧洲海军装备展中，博福斯水下系统公司（后与萨伯公司合并）对"双鹰"无人潜艇进行了现场演示，展示了系统的使用效果。截至 2021 年，"双鹰"无人潜艇已先后发展出四种型号，包括"海鹰"型、"双鹰"型、"双鹰"Mk Ⅱ 型和"双鹰"Mk Ⅲ 型。

基本参数	
制造商	萨伯
长度	2.1 米
宽度	1.3 米
高度	0.5 米
空重	340 千克
最高航速	6 节
潜航深度	500 米

性能解析

"双鹰"无人潜艇的行动主要由反水雷舰艇控制，它主要在反水雷舰艇前方 200 ~ 500 米的范围内作业，必须沿着预定的路线机动，速度可达 5 节。即使反水雷舰艇偏离了预定的航线，"双鹰"无人潜艇仍然可按预定的路线航行。"双鹰"无人潜艇的航线由反水雷舰艇上的战术数据系统（TDS）制定，而反水雷舰艇的位置则由全球定位系统来确定，"双鹰"无人潜艇相对于反水雷舰艇的位置则通过水声定位系统确定。

"双鹰"无人潜艇的高度机动性和先进的计算机导航与控制系统，保证了声呐的最佳性能，深度可从几米（浅水条件）到 500 米（蓝水条件）。"双鹰"

无人潜艇装备了多普勒声呐计程仪，可增加定位精度和可靠性。通过两种不同定位系统的信息再结合多普勒声呐计程仪，战术数据系统就可以确定反水雷舰艇和"双鹰"无人潜艇的绝对坐标。这种使用多重定位传感器的方法对保证冗余和可靠作业是非常必要的，并能有效消除不可靠或错误的定位数据造成的影响。

展览中的"双鹰"Mk Ⅱ型无人潜艇

"双鹰"Mk Ⅱ型无人潜艇在水下作业

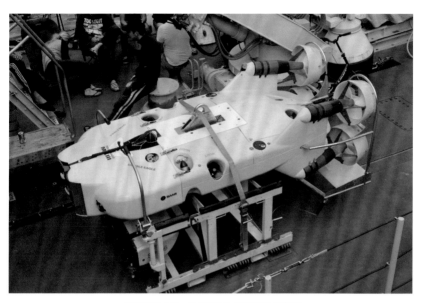

"双鹰" Mk Ⅲ型无人潜艇侧面视角

"双鹰" Mk Ⅲ型无人潜艇入水瞬间

挪威"水雷狙击手"无人潜艇

"水雷狙击手"无人潜艇是由挪威康斯伯格防务与航空公司研制的一款遥控灭雷具。

研发历史

康斯伯格防务与航空公司是挪威最著名的专业无人水下航行器公司，而"水雷狙击手"无人潜艇则是该公司最具代表性的产品。2011年，"水雷狙击手"无人潜艇赢得了西班牙海军的订单。

性能解析

基本参数	
制造商	康斯伯格
长度	1.65 米
直径	0.51 米
自重	42 千克
最高航速	5.2 节
潜航深度	310 米

"水雷狙击手"无人潜艇有一个非常特殊的功能，它可以发射英国奎奈蒂克公司研发的穿甲弹。这种穿甲弹可以精确命中部分或全部埋在海床中的水雷。通常，由于包绕水雷的淤泥会吸收无人潜艇的部分爆破效果，所以仍需扫雷专业人员手动清除或者利用无人潜艇重复作业，从而加大了任务的危险性。而"水雷狙击手"无人潜艇的穿甲弹就可以利用"外科手术"般精确的清除能力扫清障碍。

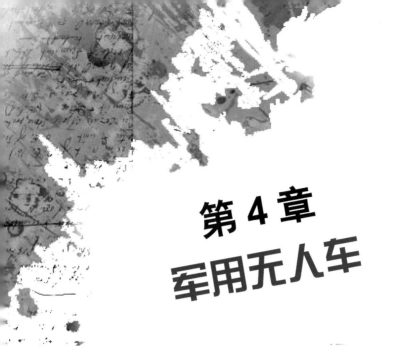

第4章
军用无人车

军用无人车是一种可自主行驶或遥控操作、可一次或多次使用、能携带一定载荷的地面机动平台,具有自动操控和高度智能化的特点,可以到达有人驾驶车辆难以到达或对人类十分危险的地域,并完成人类难以直接完成的任务,因此日益受到各国军队的重视。

美国"魔爪"无人车

　　"魔爪"无人车是由美国福斯特·米勒公司为美军研制的遥控无人车，可执行排爆、警戒、侦察、核生化探测、攻击等任务。

研发历史

　　"魔爪"无人车有多种型号，包括基本型、危险品处理型、重物提升型、灵敏反应型、突击型、武装型等，单价为 6 万 ~23 万美元。由于"魔爪"无人车性能出色，除美军装备外，也被其他国家的军队广泛采用。

性能解析

　　在"魔爪"系列无人车中，武装型是极其特殊的型号，它将基本型的排爆装置换成了遥控武器，包括 5.56 毫米 M249 机枪、7.62 毫米 M240 机枪、12.7 毫米 M82 狙击步枪、40 毫米自动榴弹发射器和 66 毫米 M202 火箭发射器等，可根据需要选装。"魔爪"无人车武装型的正式名称为"特种武器观察侦

基本参数	
制造商	福斯特·米勒
高度	0.9 米
空重	45 千克
最高时速	9 千米 / 时
续航时间	4 小时
遥控距离	1 000 米

察探测系统",由于其英文缩写正好与"剑"相同,所以也被称为"剑"式无人车。

美军在伊拉克和阿富汗战场共投入 3 000 多辆"魔爪"无人车,成为美军反游击战的有力装备。每当美军行动时,总会先派出"魔爪"无人车对道路两旁、建筑物进行侦察探测,一旦发现爆炸物就立即进行排除,效率是人工排爆的两倍以上。

"魔爪"无人车武装型

阿富汗战场上的"魔爪"无人车

"魔爪"无人车正在处理爆炸物

"魔爪"无人车正在检查车辆

"魔爪"无人车重物提升型

美国"龙腾"无人车

"龙腾"无人车是由美国自动化公司研制的一款无人车。

研发历史

"龙腾"无人车是美国海军陆战队作战实验室"侦察、监视和目标捕获"传感器项目（旨在发展侦察、监视和目标识别传感器网络，以获悉战场全景图像，从而大大提高小分队指挥官的环境感知能力）的一部分，发展目的是为美国海军陆战队提供在城市作战条件下"看到墙角"的能力。因为在城市作战和其他复杂敌对环境中，小分队指挥官迫切需要一种小型化、安全性高的侦察监视设备，用以保护自己，减少危险。2006 年，"龙腾"无人车开始装备部队。

基本参数	
制造商	美国自动化公司
长度	0.39 米
宽度	0.28 米
高度	0.13 米
自重	7.26 千克

性能解析

"龙腾"无人车采用模块化设计，并装有稳定和可以颠倒使用的悬挂装置，能比较轻松地通过窗户、攀爬楼梯和翻越墙壁。车体内集成有昼夜光电和音响侦察设备、双向数据传输设备，能将探测到的声音、图像等数据信息实时传送给操作员。而操作员对"龙腾"无人车的控制也很简单，只需手持一部外形与游戏机操纵手柄相似的控制台，就能发送无线电指令对其进行遥控操作。控制台上有一个 4 英寸的彩色液晶显示屏，能实时显示"龙腾"无人车传回的图像。

　　"龙腾"无人车由标准的军用电台电池提供能量，由于体格小巧、噪声极低，不但非常易于单兵携带和机动，而且具有极佳的隐蔽性，很难被对手发现。该车可通过对战术目标和周围危险环境的观测，为在城市作战中的部队提供支援。

"龙腾"无人车侧面视角

"龙腾"无人车在乱石堆中行驶

"龙腾"无人车前方视角

伊拉克战场上的"龙腾"无人车

美国"角斗士"无人车

　　"角斗士"无人车是美国海军陆战队装备的多用途无人车，最初的行进方式为履带式，后改为更具机动性的 6×6 轮式驱动。

研发历史

　　"角斗士"无人车项目于 1993 年 11 月正式启动,其前身为美国海军陆战队和美国陆军的"联合战术无人车辆"（TUV）项目。基于不同的任务需求，1995 年两部门重新调整了项目进程，并重新制定了研制目标和节点。2003 年，数个工业设计团队参加了军方的试验性评估，两年后，美国卡内基·梅隆大学国家机器人技术中心和英国宇航系统公司的工业团队获得了美国国防部的合同，2006年完成全系统的设计并进入生产阶段。2007 年，"角斗士"无人车正式装备美国海军陆战队。

基本参数	
制造商	卡内基·梅隆大学
长度	1.78 米
宽度	1.12 米
高度	1.35 米
自重	800 千克

性能解析

　　"角斗士"无人车是一个能够遥控的多用途机器人，任何自然条件下，都可以执行侦察、核生化武器探测、突破障碍、反狙击手和直接射击等任务。"角斗士"无人车装备了昼 / 夜摄像机，能够 24 小时对目标进行侦察与监视，此外还装有一套生化武器探测系统。武器方面，装有 7.62 毫米中型机枪和 9 毫米"乌兹"冲锋枪。

　　"角斗士"无人车系统的操作控制面板与游戏机手柄十分相似，士兵们可以通过它向"角斗士"无人车下达指令。战斗时，"角斗士"无人车可以冲在最前面，为后续士兵扫清前进中的障碍。"角斗士"无人车采用传统后置柴油动力，底盘为成熟的 6×6 轮式驱动，悬挂系统高低可调，具有较强的越野能力。

　　根据美国军方全面作战的需求，"角斗士"无人车要从应对传统高强度常规战争到应对非对称低强度冲突转变、从应对各类作战行动到应对各种支援、保障行动转变，这对其防护水平提出了很高的要求。考虑到冷战后的国际环境，"角斗士"无人车将更多地执行支援、保障任务，其主要威胁则由原设计中的来自敌军火力转变为路边炸弹、RPG 火箭弹和各种中小口径速射武器。因此，在车体防护方面，"角斗士"无人车可根据任务危险级别搭配不同的装甲配置。车体主要部分能够抵御 30 米距离 7.62 ～ 12.7 毫米穿甲弹的射击、60 米距离 155 毫米高爆榴弹爆炸后的冲击波和碎片。

　　"角斗士"无人车的缺点是噪声较大，在全速行驶时噪声等级达到 75 分贝，慢速行驶时也有 40 多分贝，对其执行抵近侦察任务非常不利，它自身携带的战场声响侦察系统也会大受干扰。

轮式"角斗士"无人车（右）和履带式"角斗士"无人车（左）

美国海军陆战队士兵与轮式"角斗士"无人车

正在操控"角斗士"无人车的美国海军陆战队士兵

美国"破碎机"无人车

　　"破碎机"无人车是由美国国防部高级研究计划局主导研发的轮式无人地面车，主要用于运输。

研发历史

　　"破碎机"无人车是美国"蜘蛛"无人车的升级型，由美国国防部高级研究计划局主持研发，研制工作始于 2006 年。该车成功通过了多种自主能力试验。

性能解析

基本参数	
制造商	DARPA
高度	1.2 米
自重	7 700 千克
最大载荷	1 360 千克
最高时速	42 千米 / 时

　　"破碎机"无人车采用 6×6 全轮驱动，车体采用高强度铝材制造，车底和车顶分别覆盖高强度钢板，能承受住树桩和岩石的撞击。车头使用钛合金制造，既坚固，重量又轻，能够承受和吸收与树干、灌木产生的正常撞击力。由于6 个轮子均采用独立驱动，并具有滑动转向的功能，"破碎机"无人车几乎能在任何坡度攀爬，在高速行进中也能轻松越过树丛、岩石、围墙、树桩和垄沟。该车能携带多种补给物资，可对部队实施伴随保障。

"破碎机"无人车翻越障碍物

测试中的"破碎机"无人车

美国 "蝎子" 无人车

"蝎子" 无人车是美国陆军装备的地面无人车，主要用于爆炸物处理、情报收集、监视和侦察任务。

研发历史

2018 年 12 月 14 日，美国奋进机器人公司披露了为美国陆军单兵通用机器人系统（CRS-I）项目开发的 "蝎子" 无人车的设计细节和图像。该项目为美国陆军提供 3 000 辆无人车，总价值超过 4 亿美元。

基本参数	
制造商	奋进机器人
长度	0.42 米
高度	0.38 米
空重	11.33 千克

性能解析

"蝎子" 无人车由轻质复合材料制成，可以抵御恶劣的环境和恶劣的天气条件。该车可使用 3D 打印部件在现场进行维修，可装入士兵背包。该车具有可移动的分体式轨道，可在恶劣地形上辅助和支撑其运动。不使用时，分割轨道将位于主轨道旁边。"蝎子" 无人车配备了一个高度灵活的手臂，可轻松执行具有挑战性的任务。操纵臂可延伸至 60 厘米长度，最大可提起 6.8 千克的物体。"蝎子" 无人车的操纵臂可以选配一个内嵌式抓手相机，在操作时可以为操作员提供稳定的视野，如在远程位置打开或拧下零件。车上还安装了高清摄像头，可以提供各种角度和位置的视图。它在白天和晚上均可提供高清图像。

美国陆军装备的"蝎子"无人车

"蝎子"无人车执行爆炸物处理任务

美国 MDARS 无人车

MDARS（Mobile Detection Assessment and Response System，机动探测评估响应系统）是由美国通用动力公司为美国陆军研制的一款轮式无人车。

研发历史

MDARS 无人车的设计目标是用于执行入侵者探测、库存产品评估、障碍评估等任务，它能够在室外环境中进行半自主随机巡逻和监测。由通用动力公司机器人系统分部负责研制，研制工作始于 21 世纪初，前后一共制造了 6 辆原型车，生产型一共生产了 30 辆，2010 年开始第一次实战部署。

基本参数	
制造商	通用动力
导航精度	0.06 米
探测范围	150 米
续航时间	14 小时

性能解析

MDARS 无人车可在仓库、军品储存区、军械库、石油储存区等处执行任务，其主要特点如下：导航精度为 6 厘米，能自主作业，直至探测到异常物；能自动规避障碍物；能探测距离 150 米处爬行、跑动的入侵者；可在混凝土、柏油路、碎石路或不平坦的粗糙地形上作业；可跨越铁轨和其他小型障碍物；可连续作业 14 小时；一个控制站可同时控制 8 辆无人车；具有完全遥控和对异常物的直观评估能力。

MDARS 无人车侧前方视角

MDARS 无人车侧面视角

美国 MULE 无人车

　　MULE 无人车是由美国洛克希德·马丁公司研制的无人地面车，正式名称为"多功能通用后勤装备"（MULE）。

研发历史

　　MULE 无人车是洛克希德·马丁公司为"未来战斗系统"（FCS）计划所研制的无人车，主要是为了解决士兵长久以来所面临的负载过重问题。MULE 无人车系统以"通用机动平台"为核心，搭配模块化"任务装备套件"，可以执行各种任务。洛克希德·马丁公司一共发展了三种任务装备套件，即 XM1217 运输型、XM1218 突击型和 XM1219 扫雷型。

基本参数	
制造商	洛克希德·马丁
自重	2 500 千克
最大负载	874 千克
越墙高度	0.91 米
越壕宽度	1 米
涉水深度	0.5 米

性能解析

　　MULE 无人车重约 2 500 千克，采用柴油 / 电力混合驱动，每侧各有 3 个车轮，每个车轮都有独立的马达，可让整个车轮绕轴心做 360°旋转（又称"摇臂式独立悬吊系统"），因此能顺利通过或攀爬各种地形障碍。XM1217 运输型可以负载 874 千克，相当于两个步兵班（约 24 名战斗人员）进行 24 小时作战所需要的全部单兵装备、重武器以及额外的食物和饮水。XM1218 突击型装有"武装机器人"组件，可安装能 360°旋转并有良好火控系统的迷你型炮塔。XM1219 扫雷型安装了扫雷用的组件，核心设备为地雷侦测感应系统。

　　MULE 无人车各个型号既能自动行驶，也可由操作人员在后方遥控指挥，并具备高超的机动性能和良好的战场隐身能力，可适应复杂地形，进入目前连越野性能卓越的"悍马"装甲车都无法到达的地方。MULE 无人车在慢速行驶时，可跨越 0.91 米高的垂直障碍，还可横跨 1 米宽的壕沟，涉水深度超过 0.5 米。

空载状态的 XM1217 运输型

XM1217 运输型侧面视角

满载物资的 XM1217 运输型

XM1219 扫雷型的侧前方视角

美国 MUTT 无人车

MUTT 无人车是由美国通用动力陆地系统公司研制的，其名称是 Multi-Utility Tactical Transport（多用途战术运输车）的首字母缩写。

研发历史

2019 年 10 月 31 日，美国陆军宣布通用动力陆地系统公司设计生产的 MUTT 无人车为其"班任务多用途装备运输无人车"（SMET）项目的最终获胜者。MUTT 无人车主要采用轮式设计，有 4×4、6×6、8×8 等多种驱动形式。美国陆军采购的是 8×8 轮式无人车，双方签订的合同

基本参数	
制造商	通用动力陆地系统公司
长度	2.95 米
宽度	1.78 米
空重	1 587 千克

总价值为 1.62 亿美元，合同执行期至 2024 年 10 月。根据合同规定，通用动力陆地系统公司将生产 624 辆无人车，并于 2021 财年第二季度开始交付。媒体预测，美军最终可能会采购超过 5 700 辆 MUTT 无人车。

性能解析

MUTT 无人车被美军视为"机械驴"，被设计用来在野外为士兵运送武器和补给，以减轻士兵的负荷。根据美军官方的信息，MUTT 无人车具有无人操控和有人操控两种模式，能够运送重约 454 千克的物资，相当于为每一名步兵班成员减轻负重 45.4 千克。MUTT 无人车也可以运送受伤的士兵，这使运送伤员时不必再安排专人护送，减少了因伤减员。远程控制的 MUTT 无人车可以在士兵进入区域之前进行侦察，探测伏击，或者使用远程控制发射的机枪、榴弹发射器和反坦克导弹等进行伏击。

　　MUTT 无人车配有传感器和计算软件控制装置，可由一名士兵使用无线遥控器引导。在装备标准燃油箱的情况下，采用混合动力，最大行驶距离可达 96 千米，当加装一个 22.7 升的燃油箱的情况下，可再行驶 58 千米。该车还可选装两栖行驶模块。

装有武器的 MUTT 无人车

展览中的 MUTT 无人车

美国"特拉迈克斯"改装套件

"特拉迈克斯"是由美国奥什科什公司研制的无人地面车改装套件,可以将任何军事战术轮式车辆改装成自主导航的无人车辆。

研发历史

"特拉迈克斯"是奥什科什公司耗费十年时间研发而成的自动驾驶技术,能够直接应用在现有的

基本参数	
制造商	奥什科什
服役时间	2004 年

车辆上。2004 年,"特拉迈克斯"正式投入使用,并参加了美国国防部高级研究计划局主持的自动驾驶挑战赛:它自动驾驶通过了 240 千米的沙漠。

性能解析

"特拉迈克斯"套件的核心设备是 LIDAR 雷达,该雷达可通过激光侦察附近的物体,由 64 束高速旋转的独立激光持续扫描地形,然后将信息通过车载电脑进行解读,再决定车辆的行驶方向,继而控制方向盘、油门、刹车等。除雷达外,"特拉迈克斯"套件还配备了先进传感器系统、全球定位系统等。经"特拉迈克斯"套件改装后的无人车可以作为军队的前导车,也可以作为车队中的随行车,每辆改装过的无人车都能够独立定位并到达指定位置。

装有"特拉迈克斯"套件的卡车

装有"特拉迈克斯"套件的扫雷车

"特拉迈克斯"卡车参加自动驾驶挑战赛

以色列"守护者"无人车

"守护者"无人车是由以色列 G-NIUS 公司设计和生产的轮式无人地面车。

研发历史

"守护者"无人车是一种用途广泛的军民两用安保装备，在控制中心的控制下，该车可连续对机场、港口、军事基地、重要管线以及其他有全天候安全监视需求的设施执行巡逻任务。2008年年初，"守护者"无人车开始装备以色列装甲部队。此后，G-NIUS 公司对"守护者"无人车的性能又进行了不少改进。

基本参数	
制造商	G-NIUS
长度	2.95 米
宽度	1.8 米
高度	2.2 米
自重	1 400 千克
最高时速	50 千米 / 时
续航时间	24 小时

性能解析

"守护者"无人车具备全地形机动性、实时自主障碍探测与规避、遥控或者半自主控制、易于操作与指挥控制、内置问答与瞄准等多种能力。模块化设计是"守护者"无人车的一个显著特点，它可选装光电 / 红外摄像机、遥控武器系统、电子对抗设备、敌方火力指示器、射频识别装置等有效载体和各种无线通信系统，并且可根据任务的变化，在短时间内换装一种或多种任务模块，以满足作战中执行清障、排爆、武装岗哨、后勤支援和伤员后送等不同任务的需要。

"守护者"无人车可以按照预定程序输入的路线巡逻，能自动识别道路交通标志，并能躲避障碍物。如发现危险及突发情况，能向操作员发出警告。"守护者"无人车的遥控系统有固定式、移动式和便携式三种，操作员可以根据需要控制数辆"守护者"无人车来完成相应的任务。控制中心可以提供自主战术地域识别等方面的功能，能根据需要控制数辆"守护者"无人车，并对入侵者做出相应的反应，直到快速反应部队到达。

"守护者"无人车前方视角

"守护者"无人车编队

"守护者"无人车侧面视角

以色列女兵与"守护者"无人车合影

以色列"先锋哨兵"无人车

"先锋哨兵"无人车是由以色列 G-NIUS 公司主导研发的履带式无人地面车。

研发历史

以色列国小人少,并且处于世界热点地区,因此对于无人地面车辆的发展相当重视。"先锋哨兵"无人车由 G-NIUS 公司、埃尔比特公司和以色列航空工业公司联合研制,其中 G-NIUS 公司是主承包商,负责总体研制和生产。"先锋卫兵"无人车可以执行监视、侦察、安保、巡逻、探测和引爆简易爆炸装置等多种任务。

基本参数	
制造商	G-NIUS
自重	1 746 千克
最大负载	1 088 千克
最高时速	20 千米 / 时

性能解析

"先锋卫兵"无人车采用履带式底盘,最大负载 1 088 千克,包含多个模块化任务载荷,如抗简易爆炸装置干扰机、探地雷达、人员 / 车辆探测雷达、非制冷热成像系统(装在 1 个桅杆转塔上)、遥控武器站(配备 7.62 毫米机枪)等。此外,车上还装有敌我识别系统、卫星导航系统、双向数据链、通信电台、前后端 CCD 摄像机、防障碍规避系统等。"先锋卫兵"无人车的动力装置为 1 台久保田 V3800DI-T 四缸直列柴油发动机,最大功率为 74 千瓦。

"先锋卫兵"无人车翻越障碍

"先锋卫兵"无人车侧面视角

英国"防御者"无人车

"防御者"无人车是由英国艾伦公司研制并生产的大型六轮独立直接驱动型无人地面车。

研发历史

英国是世界上最早发展无人车的国家之一，且是第一个研制出排爆无人地面车的国家，"防御者"无人车是英国无人车中的杰出代表，由艾伦公司设计和生产，主要用于排爆，也可执行侦察、监视、核生化装置的探测与处理等任务。

基本参数	
制造商	艾伦
长度	1.52 米
宽度	0.73 米
高度	1.15 米
自重	275 千克
最高时速	3.2 千米 / 时

性能解析

"防御者"无人车的车体采用模块化结构，主要部件均使用强度高、质量轻的钛合金，车体以活动关节连接。该车可通过线缆操控，也可通过无线遥控，采用全向天线，控制半径可以达到 2 000 米。"防御者"无人车大量采用标准配件，维修十分简单。

"防御者"无人车重 275 千克（不带附件），最高时速为 3.2 千米 / 时，具有原地转向能力，最大爬坡度 45°，机械臂的最大伸展距离为 2.5 米（水平状态）、抓举能力为 30 千克（完全伸展）或 75 千克（机械臂收缩）。

"防御者"无人车前方视角

"防御者"无人车正在执行任务

英国"黑骑士"无人车

"黑骑士"无人车是由英国宇航系统公司研制的一款无人装甲车。

研发历史

　　"黑骑士"无人车是美国陆军"未来战斗系统"的重要组成部分,主要任务是实施前方侦察、情报收集、对危险地域进行勘察,也可以伴随步兵作战,提供火力支援。该车于2005年开始研制,由英国宇航系统公司独立研发。

性能解析

基本参数	
制造商	英国宇航系统
长度	5 米
宽度	2.4 米
高度	2 米
自重	9 500 千克
最高时速	77 千米 / 时

　　"黑骑士"无人车的外观酷似一辆缩小的主战坦克。它采用传统布局结构,每侧各有 5 个负重轮,方方正正的堡垒形炮塔颇有美式装备的风格。炮塔正前方装备 1 门 30 毫米"大毒蛇"链式机关炮和 1 挺并列机枪,采用自动装填和全电炮塔,发射过程中 30 毫米弹壳通过防盾前方的抛壳口抛出。由于无须载人,所以"黑骑士"无人车并没有传统意义上的内部舱室,只有为了维护及拆卸模块化设备而在车身的底盘、后部及上部预留的开口和舱室空间。由于重量很轻,"黑骑士"无人车可以由 C-130 运输机进行空投。

　　"黑骑士"无人车采用了先进的机器人技术,具备自动驾驶能力,其感知和控制模块包括高灵敏度的摄像机、激光雷达、热成像相机和全球定位系统。该车既可由人手动操作,也可由智能系统自动操作。能够自由规划航路,灵活地规避障碍物。而且,"黑骑士"无人车在白天和夜晚都能够使用。而手动操作时，则由"布雷德利"步兵战车上的指挥官控制，也可以由配备便携式设备的步兵来指挥。

"黑骑士"无人车在野外行驶

"黑骑士"无人车前方视角

"黑骑士"无人车侧前方视角

"黑骑士"无人车侧后方视角

英国"独轮手推车"无人车

"独轮手推车"无人车是由英国科努尔公司研制的无人地面车，主要用于排雷。

研发历史

"独轮手推车"无人车是英国最早出现的军用无人车，20世纪70年代初便已问世。此后，该系列无人车的研制工作一直没有停止，逐渐形成系列化，并出口到五十多个国家和地区。目前，英国军队装备的"独轮手推车"无人车主要是Mk 8型。该车参加过科索沃维和行动、伊拉克战争、阿富汗战争，可谓"久经考验的老战士"，据称其排爆能力可达90%～95%。

基本参数	
制造商	科努尔
长度	1.2米
宽度	0.7米
高度	1.32米
自重	204千克
最高时速	3.3千米/时

性能解析

"独轮手推车"无人车采用模块化设计方式，履带式底盘上装有1个结构复杂的多自由度机械臂及多种转臂夹钳、引爆爆炸物用的霰弹枪（5发弹药）和钢索等物。该车以4台电动机驱动，并配有双速机械变速箱。电动机由蓄电池供电，不间断使用时可工作2小时。变速箱能在两个档次下从零开始无级加速到最高时速，低速时操纵更加精确。通过车上齿轮和齿条驱动装置能前后移动整车重心，从而改变车辆姿态。

在前行时，"独轮手推车"无人车的履带表面与地面之间通常会保持一定角度（此时车辆处于正向位置）。当车辆变成后向位置，在吊起重物时能保证车辆的稳定性；在下楼或下陡坡时可防止车辆前倾翻，能通过 45° 的楼梯和斜坡，涉水深度为 0.2 米。

"独轮手推车"无人车侧前方视角

伊拉克战场上的"独轮手推车"无人车

法国"西拉诺"无人车

"西拉诺"无人车是由法国研制的履带式无人地面车，主要任务是侦察、监视和目标探测。

研发历史

"西拉诺"无人车项目有多家公司参与，包括泰利斯公司、地面武器工业集团、萨基姆公司等。该车最初计划采用小型轮式底盘，但演示样车却采

基本参数	
制造商	泰利斯等
长度	2.8 米
宽度	1.7 米
高度	2.6 米

用了德国"鼬鼠"装甲武器运载车的履带式底盘，所以给外界一种重型装甲化无人地面车辆的印象。

性能解析

"西拉诺"无人车的核心设备是两组多传感器任务模块，一组是由泰利斯公司提供的光电侦察转塔，另一组是由萨基姆公司提供的集成了激光测距仪（作用距离 10 千米以上）的红外侦察模块。车上的其他设备还包括甚高频／超高频通信天线、双向数据链、卫星导航系统、防障碍摄像机等。无人车通过无线方式或光缆与先进的多模式遥控台进行通信联络，操作人员可通过控制台遥控其执行任务。

俄罗斯"天王星 6"无人车

"天王星 6"无人车是由俄罗斯国家工业和科技集团（ROSTEC）研制的履带式自行扫雷器。

研发历史

"天王星 6"无人车是俄罗斯国家工业和科技集团"天王星"系列无人车中知名度较高的一种。2014 年 7 月底至 8 月底，"天王星 6"无人车进行了为期一个月的野外测试。据俄罗斯南部军区新闻处报道，测试结果非常成功。排雷作业地区范围为 8 万平方米，销毁了 50 个易爆品。作业期间机器本身没有发生任何损坏或故障。1 辆"天王星 6"无人车一天内可完成 20 个工兵的工作量。

基本参数	
制造商	ROSTEC
长度	4.5 米
宽度	2 米
高度	1.5 米
空重	7 000 千克
最高时速	3 千米 / 时
使用寿命	10 年

性能解析

"天王星 6"无人车是一种无线电遥控的履带式自行扫雷器，装有 5 个不同的合成工具：锤击式扫雷器、滚压式扫雷器、挖掘式扫雷器、推土器和机械夹，能够发现、识别和根据指令引爆不超过 60 千克 TNT 当量的易爆品，在平坦地形上的排雷速度为 3 千米 / 时，石质地形上为 0.5 千米 / 时。操作员可在距其 1 000 米处操纵（有 4 部摄像机，能够确保周围视界），可保证人员的安全。

"天王星 6"无人车主要可执行城市、山地和丛林地带的排雷任务，不仅能够探寻各种爆炸物使其失效或将其引爆，而且还能准确识别各种爆炸物的类型，可以把炮弹从航空炸弹和反坦克地雷中区分出来。

"天王星 6" 无人车侧后方视角

"天王星 6" 无人车侧前方视角

俄罗斯"天王星 9"无人车

"天王星 9"无人车是由俄罗斯国家工业和科技集团（ROSTEC）研制的多功能无人战车。

研发历史

"天王星 9"无人车是俄罗斯国家工业和科技集团"天王星"系列无人车中的最新型号，2015 年 5 月 14 日在俄罗斯南部军区新罗西斯克的拉耶夫斯基合成靶场进行了测试。2016 年，"天王星 9"无人车向国际市场推出。设计人员称，"天王星 9"无人车将在局部战争和反恐行动中发挥重要作用，特别是在居民区使用将大大减少人员伤亡。

基本参数	
制造商	ROSTEC
长度	4.5 米
宽度	2 米
高度	1.4 米
自重	7 000 千克

性能解析

整套"天王星 9"无人车系统包括两辆无人车、运送无人车的拖车和机动指挥所。"天王星 9"无人车能够通过高达 1.2 米的障碍，配备的武器主要有 30 毫米 2A72 自动机炮、7.62 毫米双管机枪和"攻击"式反坦克导弹。该车装有激光照射预警系统以及目标控测、识别和伴随设备。操作员借助操作台通过无线电频道，可在距离无人车 1 000 米处受保护的指挥所里进行遥控指挥。为了控制无人车的行动，操作员须使用 4 部摄像机（把信号传输到指挥操作台）。"天王星 9"无人车能够完成多种任务，如工程侦察，消灭敌有生力量和打击各种目标，包括敌装甲车辆、工事和时速达 400 千米的低空飞行器等。

"天王星 9"无人车侧前方视角

"天王星 9"无人车侧面视角

德国"任务大师"无人车

"任务大师"无人车是由德国莱茵金属公司设计和制造的模块化自主地面无人车，可用于战术监视、化学、生物、放射和核检测、医疗后送操作以及通信中继任务。

研发历史

2018 年 6 月，莱茵金属公司在法国巴黎举行的欧洲防务展览会上推出了执行运输任务的"任务大师"无人车。2019 年 9 月，又在伦敦举行的 2019 年国防与安全设备国际展览会上展出了装备武器的"任务大师"无人车。2020 年 4 月，英国军队订购了 4 辆"任务大师"无人车。2020 年 11 月，"任务大师"无人车进入了荷兰陆军为期两年的概念开发和实验计划。

基本参数	
制造商	莱茵金属公司
长度	2.95 米
空重	750 千克
最高时速	40 千米 / 时

性能解析

"任务大师"无人车采用 8×8 驱动形式，最大负载能力为 600 千克，在两栖作战期间最高可承载 400 千克。该车可配备多种武器，包括 12.7 毫米重机枪和 40 毫米榴弹发射器等。"任务大师"无人车可以根据客户要求配备任何类型的无线电，双向通信系统允许指挥官与其他无人车之间进行交换，从而为指挥官提供更强的态势感知能力。"任务大师"无人车还具有运载各种有效载荷的能力，其中包括远程光电 / 红外（EO/IR）传感器、监视雷达、360°全环形摄像头、激光测距仪和激光指示器。莱茵金属 PATH 自主套件使"任务大师"无人车可以在无人驾驶模式下运行，并且还提供了各种远程操作选项，如平板电脑、智能手表、士兵系统和单手控制器。

南非军队装备的"任务大师"无人车

"任务大师"无人车攀爬石阶

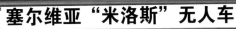

塞尔维亚"米洛斯"无人车

"米洛斯"无人车是由塞尔维亚军事技术研究所研制的地面无人车，用于协助特种部队和侦察部队在城市和野外环境下执行反恐任务。

研发历史

"米洛斯"无人车主要提供给塞尔维亚特种部队和侦察部队，它于 2019 年 6 月在贝尔格莱德举行的国际武器博览会上首次公开展出。之后，"米洛斯"无人车在塞尔维亚技术测试中心进行试验。2020 年，"米洛斯"无人车正式服役。

性能解析

基本参数	
制造商	塞尔维亚军事技术研究所
长度	1.73 米
宽度	0.77 米
高度	0.95 米
空重	680 千克
最高时速	12.5 千米/时

"米洛斯"无人车是一种电力驱动的远程操作履带式无人车，其光电模块集成了日光电荷耦合器件（CCD）相机、夜视热成像仪和激光测距仪。CCD 相机和夜视热成像仪可分别检测 1 000 米和 450 米距离的人类目标。该模块还有一个额外的摄像头，用于持续观察物体。"米洛斯"无人车的远程控制系统由一名士兵操作，采用方便使用的软件和火控系统来接合指定目标。"米洛斯"无人车还具有自动联网功能，可与其他平台交互操作，以增加城市环境中任务的控制范围。

"米洛斯"无人车配备了由先进电池供电的电力推进系统。电池组可以通过独立充电器充电。车上还安装了电池管理系统，以监控电池电量以及电压。车辆的自主耐久性取决于使用条件和地形。旅行时的续航时间为 2 小时，静态观察和射击任务可以执行 8 小时。在恶劣的地形中进行移动、观察和射击任务时的持续时间是 2 小时。

"米洛斯"无人车侧后方视角

"米洛斯"无人车左侧视角

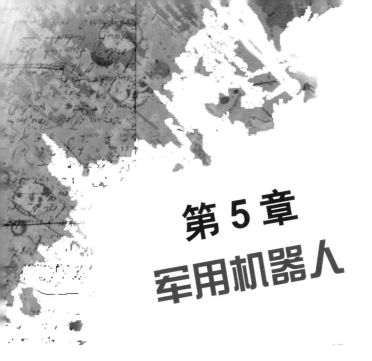

第5章
军用机器人

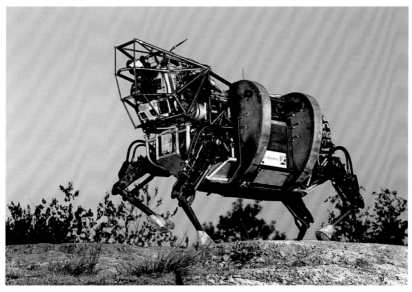

　　从物资运输到搜寻、勘探以及实战进攻，军用机器人的使用范围非常广泛。自 20 世纪 60 年代在战场上崭露头角以来，军用机器人日益受到各国军界的重视。军用机器人拥有巨大的军事潜力，超人的作战效能，在未来的战争舞台上是一支不可忽视的军事力量。

美国"阿特拉斯"机器人

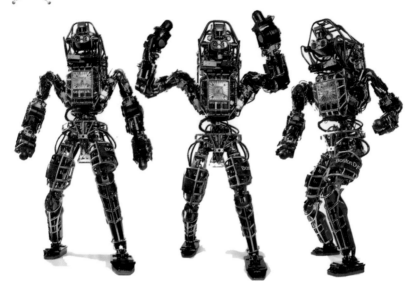

"阿特拉斯"机器人是由美国波士顿动力公司研制的一种双足人形机器人，主要用于执行搜救任务。

研发历史

"阿特拉斯"机器人是波士顿动力公司专为执行各种搜索及救援任务而设计的智能机器人，该项目获得了美国国防部高级研究计划局的资助。2013 年 7 月 11 日，"阿特拉斯"机器人首次向公众亮相。

基本参数	
制造商	波士顿动力
身高	1.9 米
自重	150 千克

性能解析

"阿特拉斯"机器人使用铝和钛制造，身高 1.9 米，体重 150 千克，由头部、躯干和四肢组成，拥有 28 个液压关节，能像人类一样用双腿直立行走。它的头部装有立体照相机和激光测距仪，"双眼"为 2 个立体感应器。"阿特拉斯"机器人有 2 只灵巧的手，能在实时遥控下穿越比较复杂的地形。这种机器人不仅能够行走、取物，并且还能在户外穿越严酷地形，使用手脚攀爬。

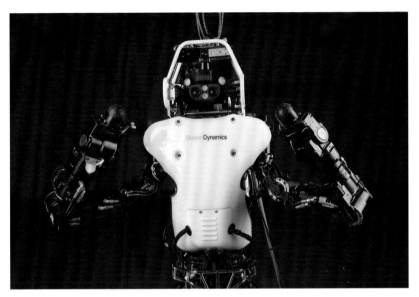

"阿特拉斯"机器人上半身特写

测试中的"阿特拉斯"机器人

美国"猎豹"机器人

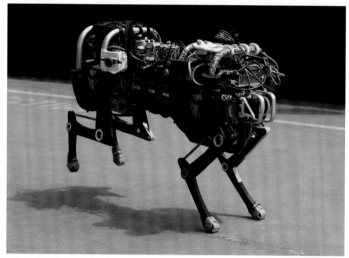

　　"猎豹"机器人是由美国波士顿动力公司研制的四足机器人，主要用于军事和人道主义援助，如急救和灾害响应等。

研发历史

　　"猎豹"机器人是美国国防部高级研究计划局"最大机动性和操纵性计划"的一部分，其设计原型已列入美国国防部高级研究计划局高级机器人兵工厂装备。2012 年 3 月 7 日，"猎豹"机器人以 45 千米 / 时的成绩打破了有腿机器人的陆地步行

基本参数	
制造商	波士顿动力
身长	0.9 米
身高	0.6 米
最高时速	45 千米 / 时

速度最高纪录，成为速度最快的四足机器人。目前，"猎豹"机器人仍在继续改进，其奔跑速度仍在逐步提升。

性能解析

　　"猎豹"机器人是一种四足机器人，具有灵活的脊椎和铰接式头部。该机器人配备了一系列高技术装备，包括激光陀螺仪、照相机和随载计算机等。"猎豹"机器人能够冲刺、急转弯，并能急刹停止。波士顿动力公司希望"猎豹"机器人最终能够达到 113 千米 / 时的速度，媲美真正的猎豹。不过，"猎豹"机器人的自主性较差，行动时需要人为介入。

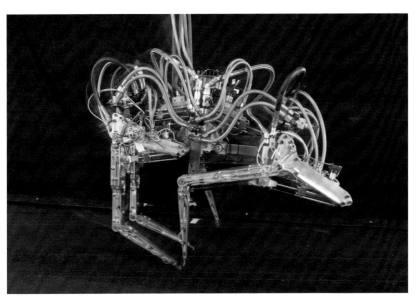

"猎豹"机器人的主要结构

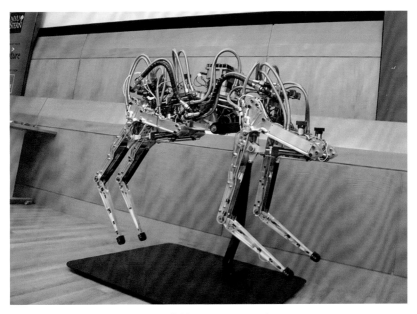

展览中的"猎豹"机器人

美国"大狗"机器人

"大狗"机器人是由美国研制的一种动力平衡四足机器人，主要用于物资运输，能够为战场上的士兵减轻负重。

研发历史

"大狗"机器人是由美国波士顿动力公司、福斯特·米勒公司、美国国家航空航天局喷气推进实验室以及哈佛大学康德菲尔德研究站共同研发的军用机器人，研制工作始于 2005 年。该项目同时获得了美国国防部高级研究计划局的资助。

基本参数	
制造商	波士顿动力等
身长	1 米
身高	0.7 米
自重	109 千克
最大负载	154 千克
最高时速	5.3 千米 / 时

性能解析

"大狗"机器人没有车轮或者履带，而是采用 4 条机械腿运动。机械腿上有各种传感器，包括关节位置和接触地面的部位。它还有 1 个激光回转仪以及 1 套立体视觉系统。"大狗"机器人长 1 米，高 0.7 米，形状与一头小骡子差不多。

"大狗"机器人能够以 5.3 千米 / 时的速度穿越粗糙地形，并且负载 154 千克的重量。它能够爬行 35°的斜坡，其运动由装载在机身上的计算机控制，该计算机能够接收机器上各种传感器传送的信号。导航和平衡也由这个控制系统控制。2008 年 3 月，波士顿动力公司曾公布了一段"大狗"机器人的录像，显示"大狗"机器人能够穿越结冰地面，并且能够在被侧踢后恢复平衡。

"大狗"机器人前方视角

测试中的"大狗"机器人

美国"领头狗"机器人

"领头狗"机器人是由美国波士顿动力公司研发的四足机器人，正式名称为"步兵班组支援系统"（Legged Squad Support System，LS3）。

研发历史

"领头狗"机器人是波士顿动力公司设计的一系列军用机器人之一，计划用于为战场步兵部队携带重型负载。"领头狗"机器人经历了 5 年的研发和 18 个月的实地测试，其中第一次实地运载测试在夏威夷进行。美国海军陆战队的士兵们给它起了个昵称叫"CUJO"，与影片《狂犬惊魂》中强壮凶猛的狗同名，希望它能像影片中的 CUJO 一样强壮有力。

基本参数	
制造商	波士顿动力
最大负载	180 千克
最大行程	32 千米

性能解析

"领头狗"机器人具备 24 小时补给负载 180 千克行进 32 千米的能力，并能在树林、岩石地、障碍物和城区等复杂地形中跟随士兵行动。它还能执行重要的送水任务，解决军队在无水源复杂地形的缺水问题。由于它超强的载重能力和庞大的体积，有人戏称，比起一只机器狗，它更像一匹机器马。

"领头狗"机器人在森林中奔跑

"领头狗"机器人侧面视角

"领头狗" 机器人编队

美国"小狗"机器人

　　"小狗"机器人是由美国波士顿动力公司研制的小型四足机器人，主要用于四足机器运动研究。

研发历史

　　"小狗"机器人是由波士顿动力公司和南加州大学机器人实验室联合研发，获得了美国国防部高级研究计划局信息处理技术办公室的资助。在研发过程中，设计人员最大的挑战就是要将如此复杂的智能机器微型化。

基本参数	
制造商	波士顿动力
身长	0.32 米
身高	0.31 米
自重	6 千克
续航时间	30 分钟

性能解析

　　"小狗"机器人采用了"大狗"机器人的部分平衡技术和算法，并将其进行了微型化处理。"小狗"机器人只有篮球大小，顶部还有一个提手把。"小狗"机器人共有 4 条腿，每条腿有 3 个电动马达，内置传感器用以测量关节角度，使用聚合物电池，可连续运行 30 分钟，其无线通信和数据记录支持远程操作和数据分析。"小狗"机器人具有人工智能的自我学习能力，可分析出现的错误并加以调整。它不仅能穿过障碍物，还能识别前方的沟堑并进行计算，然后再顺利跨越过去。

美国"野猫"机器人

"野猫"机器人是由美国波士顿动力公司研制的四足机器人，是由"猎豹"机器人升级而来。

研发历史

"野猫"机器人是波士顿动力公司"猎豹"机器人的升级版，获得了美国国防部高级研究计划局的授权和资助。该部门通过向前沿技术项目提供资金来确保美国军方的科技领先地位。

基本参数	
制造商	波士顿动力
身长	0.9 米
身高	0.7 米
自重	90 千克
最高时速	26 千米 / 时

性能解析

"野猫"机器人的四条腿可灵活调节长度，加长后可以增加步幅。它由身下的梁架保持稳定，能在各种地形上奔跑和跳跃。"野猫"机器人能和"猎豹"机器人做出同样的动作，并且能够独立行动。"野猫"机器人能够同时使用四条腿来完成不同的动作，以便用不同的方式奔跑，转弯的时候能像摩托车一样。由于体积更大，"野猫"机器人牺牲了一定的速度，最高时速只能达到 26 千米 / 时。

美国 "斑点" 机器人

"斑点" 机器人是由美国波士顿动力公司研制的四足机器人，其缩小版称为 "迷你斑点"。

研发历史

"斑点" 机器人发布时曾是波士顿动力公司体格最小的四足机器人。2016 年 6 月，波士顿动力公司又发布了缩小版本 "迷你斑点"。波士顿动力公司并没有公布任何技术细节。不过明显可以看出，"斑点" 系列机器人在静音方面十分优秀，不会像 "领头狗" 机器人一样发出巨大的噪声。

基本参数	
制造商	波士顿动力
身高	0.5 米
自重	73 千克

性能解析

"斑点" 机器人最明显的特征是头部带有视觉传感器，从外形上推测应该是一款激光雷达传感器，它可以对路面环境进行检测，以实现在不平坦路面上的行进。"斑点" 机器人的腿部非常灵活，可以在室内和户外自由运动。它使用电池供电，由液压系统作为驱动。与其他波士顿动力公司的机器人类似，"斑点" 机器人也是平衡大师。在测试中，它可以在波士顿动力公司的办公室自由漫步，也可以在崎岖不平的路面上坡下坡，还可以陪着人类小步慢跑。受到撞击后，"斑点" 机器人还能在很短的时间内调整腿部步态，保持不倒，并最终恢复站立。

"斑点"机器人跟随人类跑步

"迷你斑点"机器人

美国"佩特曼"机器人

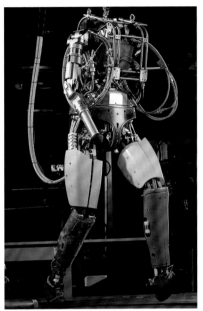

　　"佩特曼"机器人是由美国波士顿动力公司研制的人形机器人，主要职能是为美军实验防护服装。

研发历史

　　"佩特曼"机器人的研制是为了测试化学防护服在运动时防护能力是否会降低。因此，这种机器人擅长模仿人类走路、下蹲等动作。与其他波士顿动力公司的机

基本参数	
制造商	波士顿动力
身高	1.8 米
自重	100 千克
最高时速	5 千米 / 时

器人类似，"佩特曼"机器人也有独立行动能力，无须他人协助就能保持自身平衡。

性能解析

　　"佩特曼"机器人是美军人形机器人中的佼佼者，它无须外部支持就能站立、行走。与"大狗"机器人一样，"佩特曼"机器人即使受到冲撞也能保持直立。"佩特曼"机器人的行进速度能达到 5 千米 / 时，几乎与真人无异。"佩特曼"机器人还能调控自身的温度、湿度和排汗量来模拟人类生理学中的自我保护功能，从而达到最佳的测试效果。

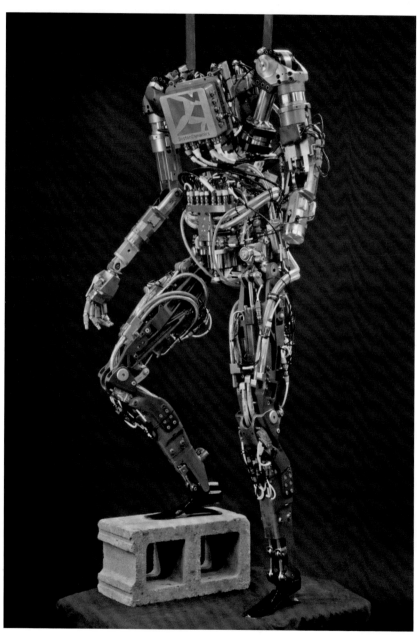

"佩特曼"机器人的主要结构

"佩特曼"机器人外穿防护服进行测试

美国"沙蚤"机器人

"沙蚤"机器人是由美国波士顿动力公司研制的一款微型轮式机器人。

研发历史

  "沙蚤"机器人主要用于在阿富汗战场上执行侦察任务，其特点是跳跃能力强，能够跳过较高的墙壁，并在跳跃过程中拍摄和发送视频。"沙蚤"机器人的体积小、重量轻，其轮式设计能很好地适应城市环境。这种机器的设计难点在于着陆时的冲击力处理，控制不同地形的跳跃高度，以及避免着陆时翻滚等。

基本参数	
制造商	波士顿动力
越障高度	10 米
自重	5 千克

性能解析

  "沙蚤"机器人的外形类似于小型地面无人车，它能够轻松跨越 30 个障碍物，而这些障碍物的高度可以是其自身高度的 40 ～ 60 倍。"沙蚤"机器人的生产型能够自主导航并跳过 6 米高的障碍物。在 10 米高的障碍物测试中，"沙蚤"机器人验证了跳跃移动的效率比通过悬停方式跨越障碍物的效率高出几倍。因此，在采用等量燃料的情况下，"沙蚤"机器人可完成更多的任务。

美国 RHex 机器人

RHex 机器人是由美国波士顿动力公司研制的六足机器人，主要用于沼泽地或者潮湿的气候条件下。

研发历史

RHex 机器人是波士顿动力公司继"大狗"机器人之后研制的又一款新型机器人，它能够穿过崎岖地形，在烂泥堆里依然畅行无阻，其非凡的越障能力已经得到了美国专门机构的认可。

性能解析

基本参数	
制造商	波士顿动力
身长	0.51 米
身高	0.2 米
自重	6.7 千克
最高时速	10 千米 / 时

RHex 机器人有 6 条被设计成弧状的腿，外层涂有防滑的凹凸橡胶，该款机器人具备多种功能，可以跳跃、游泳、爬楼梯，可移动性很强。其能够在岩石地、泥浆地、沙地、植被地、铁轨、电线杆、斜坡和楼梯等多种地形地物上移动。由于主体部分是全封闭结构，所以它可以在潮湿天气、多泥和多沼泽的地方工作，甚至可以在水面游动或在水下行进。RHex 机器人能以抛物线的轨迹跳过很宽的鸿沟，还可自己判断跳跃范围。尽管体积较小，但 RHex 机器人身上仍然携带了具备红外功能的摄像头。

美国 RiSE 机器人

RiSE 机器人是由美国波士顿动力公司研制的四足机器人，主要用于攀爬。

研发历史

壁虎拥有在垂直墙面爬行的特性，自然也被用来作为仿生的对象。在世界各国研制的壁虎机器人中，波士顿动力公司的 RiSE 机器人是较为成熟的产品。RiSE 机器人可以吸附在垂直墙面上爬行，能够代替人类执行反恐侦察、地震搜救等高难度任务。

基本参数	
制造商	波士顿动力
身长	0.25 米
自重	2 千克
最高时速	1 千米 / 时

性能解析

RiSE 机器人之所以能吸附在墙上，主要是因为它的每个吸力手上都有数百万根由人造橡胶制造的毛发，每根毛发的直径约 500 纳米，长度则不到 2 微米，毛发和垂直表面分子之间会产生分子弱电磁引力，也叫"范德瓦尔斯力"，它可以使 RiSE 机器人吸附在垂直墙面上。RiSE 机器人能在搜索、救援、侦察、监视或检查等应用领域发挥重要作用。RiSE 机器人不仅能够飞檐走壁，当需要节约能量时，它还能在任意地点停止运动。

美国"小熊"机器人

"小熊"机器人是由美国维克纳公司研制的医疗机器人，正式名称为"战场救护机器人"（Battlefield Extraction-Assist Robot，BEAR）。

研发历史

"小熊"机器人是由维克纳公司总裁丹尼尔·西欧博尔德于 2005 年发明的远程遥控机器人，能够代替真人执行多种战场救援任务，包括救护伤员或营救遭绑架士兵。其前期研制经费由美军远程医学和高级技术研究中心拨付，之后美国国会又拨款 110 万美元作为其研究资金。2006 年，"小熊"机器人被《时代》杂志评选为年度最佳发明。

基本参数	
制造商	维克纳
身高	1.8 米
单价	10 万美元

性能解析

"小熊"机器人的外形如同一个大号的"泰迪熊"玩具，但它一点也不笨拙，能够抱着受伤的士兵长距离行走。由于大腿和胫骨上装有导轨，因此"小熊"机器人不仅能在崎岖的地形上行走、能穿过狭窄的大门，同时还能上下楼梯、完成蜷缩及跪下等动作。此外，"小熊"机器人的臀部、膝盖和脚上还能装上轮子，当道路平坦时，它就能改用轮子加快前行速度，同时还能采取多种不同的姿势。

为了躲避敌人的视线，"小熊"机器人在抱着受伤的士兵时，能够跪下或者躺倒，也可在草丛或墙壁后悄悄移动。虽然目前"小熊"机器人靠轮子移动，但是现在的模型仍设置了履带式接合腿，这种结构保证了它可以执行更高级别的任务，包括将自己依附在地面交通工具上、履行战场任务的同时保证自身安全、寻找伤员并把他放到担架上安全撤退。除了军事领域外，"小熊"机器人在其他领域也有广阔的应用前景，如在自然灾害或恐怖袭击的现场执行救援任务等。

"小熊"机器人

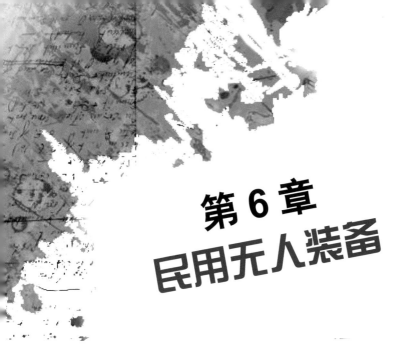

第6章
民用无人装备

无人装备不仅在军队中大受欢迎,在民用领域同样前景广阔。目前,无人驾驶汽车、无人机、无人潜水器、娱乐机器人等民用无人装备均在飞速发展,在交通出行、航空摄影、地球物理探矿、灾情监测、海岸缉私、家庭娱乐等方面发挥着日益重要的作用。

美国"西罗"机器人

"西罗"机器人是由美国弗吉尼亚理工学院工程系研究人员设计的水母机器人。

研发历史

在海洋生物中，水母是一种较有吸引力的候选模拟者，因为它相比于其他海洋物种具有较低的代谢速率，消费较少能量。此外，它们具有各式各样的体积、外形和色彩，有助于实现多项设计。

基本参数	
制造商	弗吉尼亚理工学院
长度	1.5 米
宽度	0.18 米
自重	77 千克

"西罗"机器人是美国海军水下作战中心和海军研究办公室资助的一项计划研究成果。这项计划共投入 500 万美元，除弗吉尼亚理工学院外，还有多所大学参与，旨在研制自供电的自主机器人，用于进行水下监视任务或者监测海洋环境。2013 年 3 月，"西罗"机器人的全尺寸原型制造完成，而在此之前，研究小组还制造了一款只有人类手掌大小的水母机器人。目前，"西罗"机器人仍处于测试阶段，距部署到海洋还需要数年时间。这种机器人可用于研究鱼类、监测洋流或清理漏油。在军事监视行动中，水母机器人也能够发挥重要作用。

性能解析

"西罗"机器人的体积较大,并且与成年人的体重相近。较大的装置使其具有更多的有效负载、更长的持续时间和更远距离的操作性。生物学和工程学研究结果表明,较大的装置具有较低的运输成本,机器人的体积越大,往往意味着效率越高。根据生物学家对动物进行的研究,体型越大的动物从地点 A 前往地点 B 所耗费的能量也越小。

"西罗"机器人由一块可充电镍氢电池提供动力,目前只有 4 小时的续航时间,未来将逐步提升。"西罗"机器人的"皮肤"是由硅树脂材料制成,用手接触有一种黏糊糊的感觉。"西罗"机器人装有一个基本控制系统,操作员事先对其进行编程,制定所需完成的任务。进入水中后,"西罗"机器人便会按照预先设定的程序执行任务。它能够保持水母物种的外形特征和运动性能,独立地在水中游动,同时可以收集、存储、分析和传送敏感数据。

"西罗"机器人及其部分研究人员

测试中的"西罗"机器人

"西罗"机器人的电子元器件

美国"蓝鳍"21无人潜水器

　　"蓝鳍"21无人潜水器是由美国蓝鳍机器人公司研制的专门对海中物体进行搜索的无人潜水器。

研发历史

　　蓝鳍机器人公司成立于1997年,位于美国马萨诸塞州昆西市。它是一家专注于水下机器人研制、生产和销售自主式水下交通工具的公司,旗下有多个型号的自主式水下航行器,而"蓝鳍"21无人潜水器则是其中的代表性产品。2014年,"蓝鳍"21无人潜水器曾参与搜索失事的马航MH370客机。

基本参数	
制造商	蓝鳍机器人
长度	4.93米
直径	0.53米
自重	750千克
最高时速	4.5节
续航时间	25小时
潜航深度	4 500米

性能解析

　　"蓝鳍"21无人潜水器自身具备一定动力,可以不借助电缆在水下自主航行,在标准负载和3节航速下,其续航能力为25小时。"蓝鳍"21无人潜水器可以通过声呐与母船通信,拥有高分辨率侧扫雷达,可以扫描海底地形,寻找目标物体下落。该雷达释放的波束从潜航器两侧放出,沿航线方向扫描,但为了保证较高分辨率,扫描的范围不大。工作时发射的声波投射在海底的区域呈长条形,换能器阵接收来自照射区各点的反向散射信号，经放大、处理和记录，在记录条纸上显示出海底的图像。回波信号较强的目标图像较黑，声波照射不到的影区图像色调则较淡，根据影区的长度可以估算目标的高度，从而判断海底地貌，绘制出准确的海底地形图，并可以判读出泥、沙、岩石等不同底质。利用数字信号处理技术获得的小视野放大图像能分辨目标的细节。

　　"蓝鳍"21无人潜水器还装有多波束回声测深仪,利用多波束回声信号测量、绘制海底地形和水深的装置。该设备可发出多种波束的扇面声波，通过各种波束不同的回波来绘制海底地形图。如搭配雷达使用，便可以详细绘制出探测海底的地形情况。此外，"蓝鳍"21无人潜水器还装备了磁力探测器，可以通过磁场的变化，来探测水下金属物体。而且一旦发现疑似物体，还可以通过携带的摄像装置对该区域进行光学成像，方便地面人员对其进行分析。

"蓝鳍"21无人潜水器参与马航MH370客机搜寻任务

回收"蓝鳍"21 无人潜水器

"蓝鳍"21 无人潜水器在水中航行

美国"谷歌"无人车

"谷歌"无人车是由美国谷歌公司正在研发的全自动驾驶汽车，不需要驾驶者就能启动、行驶及停止。

研发历史

"谷歌"无人驾驶汽车项目由美国斯坦福大学人工智能实验室主任、谷歌工程师和谷歌街景地图服务的创始者之一塞巴斯蒂安·特伦所领导的团队负责研发。研究人员使用了 7 辆试验车，其中 6 辆是丰田 Prius，一辆是奥迪 TT。这些车在加州的几条道路上进行过测试，其中包括旧金山湾区的九曲花街。2016 年 9 月 23 日，"谷歌"无人驾驶汽车在山景城与一辆商务货车相撞，这可能是"谷歌"无人驾驶汽车遭遇的最严重车祸。

基本参数	
制造商	谷歌
长度	4.45 米
宽度	1.73 米
高度	1.51 米
自重	1 345 千克

性能解析

虽然"谷歌"无人驾驶汽车还处于原型阶段，但它依旧展示出了与众不同的创新特性。与传统汽车不同，"谷歌"无人驾驶汽车行驶时不需要人来操控，这意味着方向盘、油门、刹车等传统汽车必不可少的配件，在"谷歌"无人驾驶汽车上已被软件和传感器所取代。不过谷歌联合创始人谢尔盖·布林表示，这款无人驾驶汽车还比较初级，谷歌希望它未来能适应不同的使用场景，只要按一下按钮，就能把用户送到目的地。

　　"谷歌"无人驾驶汽车使用照相机、雷达感应器和激光测距机来观测交通状况，并且使用详细的地图来进行道路导航。车顶上的扫描器发射 64 束激光射线，激光碰到车辆周围的物体，再反射回来，以便计算出物体与车的距离。另一套在底部的系统测量出车辆在三个方向上的加速度、角速度等数据，然后再结合全球定位系统数据计算出车辆的位置，所有这些数据与车载摄像机捕获的图像一起输入计算机，软件再以极高的速度处理这些数据。这样，系统就可以非常迅速地做出判断。

以丰田 Prius 为试验车的"谷歌"无人驾驶汽车

"谷歌"无人驾驶汽车通过十字路口

测试中的"谷歌"无人驾驶汽车

美国 Lily 无人机

Lily 无人机是由美国 Lily 机器人公司研制的一款消费级无人机。

研发历史

Lily 机器人公司是一家位于加州门罗帕克的初创企业，其联合创始人兼总裁来自加州伯克利大学，而整个 Lily 无人机项目研发大部分完成于伯克利的机器人地下实验室。2015 年，Lily 无人机曾在无人机市场引起热议。从功能上看，这款产品弥补了当时市场上航拍产品的空缺，吸引了大众消费者的眼

基本参数	
制造商	Lily 机器人
机身长度	0.26 米
机身宽度	0.26 米
机身高度	0.08 米
空重	1.3 千克
最高时速	40 千米 / 时

球。它不仅在社交网络上获得了"自来水"式的传播，而且也获得了诸多科技媒体的力挺。遗憾的是，因融资问题，Lily 机器人公司于 2017 年 1 月 12 日宣布关闭，Lily 无人机最终未能成功问世。

性能解析

Lily 无人机采用四轴动力布局，外形可爱，关键的拍摄部分采用了像素为 1200 万的摄像头，可以录制 60 帧 / 秒的 1080P 视频或者 120 帧 / 秒的 720P 慢动作视频，航拍过程中飞行器会自动追踪戴有追踪装置的人员。飞行高度为

1.75~15 米，拍摄距离为 1.75~30 米。满电状态可飞行 20 分钟。

　　Lily 无人机操作起来非常简便：使用者只需打开电源，单手将其抛向空中，Lily 无人机就会自动飞行并根据指令进行拍摄。而使用者只需根据一枚小巧的追踪装置就可以跟踪飞行，同时可以通过配套的 iOS 应用在手机中设置拍摄视频的参数，并实时编辑分享视频。使用者也可以将定位器携带在身上，然后将 Lily 无人机抛飞，接下来就可以随意走动，Lily 无人机会像宠物一样在可侦测范围的天空中由使用者自由操控。不过有业内人士提出质疑，这种方案存在危险，一旦失控，Lily 无人机有可能直接砸到使用者。

Lily 无人机的摄像头

放在掌心的 Lily 无人机

Lily 无人机开始飞行

美国 Solo 无人机

Solo 无人机是由美国 3D 机器人公司研制的一款消费级无人机。

研发历史

3D 机器人公司成立于 2009 年，逐渐发展为美国目前最大的无人机厂商。2015 年，3D 机器人公司投入极大的成本研发制造了 Solo 无人机，以此进入消费类市场。然而，消费级无人机市场快速变化，Solo 无人机的销量并不尽如人意。面对中国大疆公司的步步紧逼，在其他各家消费级无人机销量都不如意的情况下，3D 机器人公司决定率先撤离消费级无人机市场。

基本参数	
制造商	3D
空重	1.5 千克
续航时间	25 分钟
无线网络范围	800 米

性能解析

Solo 无人机是一架黑色的四轴飞行器，其开源软件平台可供外部开发者开发应用。它具备当时其他无人机所没有的一些功能，比如，可以编写飞行路线，为开发人员提供开放代码，提供"响应式"客户服务。Solo 无人机配备的 1GHz 处理器，1 个机动的三轴摄像头稳定装置，以及与运动摄像机巨头 GoPro 多年的良好合作为这款无人机配备了全时飞行摄像控制和低延时的高清现场视频回传功能。Solo 无人机的摄像装置支持 4K 视频拍摄，并且可以在飞行中开始和停止视频拍摄，省去了很多不必要的画面。

Solo 无人机开始飞行

Solo 无人机正面视角

英国"优尔特拉"无人车

"优尔特拉"无人车是由英国先进交通系统公司和布里斯托尔大学联合研制的无人驾驶汽车。

研发历史

"优尔特拉"无人驾驶汽车于 2010 年投放于希斯罗机场作为出租车运送旅客。研究人员设想，到达希斯罗机场的乘客下飞机后，拿好行李并来

基本参数	
制造商	先进交通系统
座位数量	4 座
最高时速	40 千米 / 时

到无人驾驶汽车的泊位。乘客使用智能卡和汽车上的触摸屏幕选择目的地。只需等待 10 秒钟，"优尔特拉"无人驾驶汽车就会带乘客启程。一路上汽车自动适时选择刹车、变换速度，应对交通高峰和出现障碍物等情况。它会中途不停车把乘客送达目的地并停好车。这种无人驾驶汽车可以停在那里，也可以被控制中心调度到其他需要用车的地方。控制中心保证每一辆无人驾驶汽车沿着一条路线行驶，确保它们之间不会发生撞车。

性能解析

"优尔特拉"无人驾驶汽车没有驾驶员，也没有喋喋不休的谈话声伴随乘客的旅途，只有 1 个装在墙上的按钮。按钮旁边写着"开始"。该无人驾驶汽车有 4 个座位，形状似气泡，看起来就像一艘外星人飞船。"优尔特拉"无人驾驶汽车依靠电池产生动力，而且乘客可以通过触摸屏来选择他们的目的地，其时速可达 40 千米。一旦乘客选择好目的地，无人驾驶汽车就会遵循一条电子传感路径前进。在旅程期间，如果需要的话，乘客可以按下一个按钮和控制人员通话。

"优尔特拉"无人驾驶汽车的研究人员声称,这种无人驾驶汽车可能会让阻塞交通、汽油味难闻、拥挤不堪的公共汽车变成一种过时的交通工具。

行驶中的"优尔特拉"无人驾驶汽车

希斯罗机场的"优尔特拉"无人驾驶汽车

法国"阿利斯特"无人潜水器

　　"阿利斯特"无人潜水器是由法国 ECA 集团研制的民用无人潜水器。

研发历史

　　"阿利斯特"无人潜水器的研制工作始于 21 世纪初，2002 年开始海试，可执行海底地形测量、深海摄影、深海生物调查、环境评估和勘察等多种任务。

性能解析

　　"阿利斯特"无人潜水器使用锂电池，能在水下3 000 米处工作。"阿利斯特"无人潜水器有惯性导航、多普勒计程仪、全球定位系统、超短基线、长基线导航等导航模式，并携带了高精度深海声呐、有避障声呐、多音束测深系统、侧扫声呐、CTD、摄影机和声学照相机等多种设备。

基本参数	
制造商	ECA
长度	5.8 米
自重	3 000 千克
最高时速	4 节
续航时间	12 小时
潜航深度	3 000 米

"阿利斯特"无人潜水器侧面视角

"阿利斯特"无人潜水器侧后方视角

法国"赛卡博"无人车

"赛卡博"无人车是由法国国家信息与自动化研究院（INRIA）研制的无人驾驶汽车。

研发历史

"赛卡博"无人车由法国国家信息与自动化研究院耗费十年时间研制而成，2009年在芬兰赫尔辛基"未来运动解决方案大会"上亮相。该项目与欧盟一项名为"城市交通"的计划有关。从长远来看，在解决城市交通问题上，"赛卡博"无人车这类无人驾驶汽车的成本更低，而且更为环保和安全。

基本参数	
制造商	INRIA
最高时速	30千米/时
导航精度	1厘米

性能解析

"赛卡博"无人车的外形看起来像高尔夫球车。该车使用巡航导弹制导的全球定位技术，通过触摸屏设定路线后，就能将乘客带到想去的地方。不过，"赛卡博"无人车的全球定位系统要比普通的全球定位系统功能强大。普通全球定位系统的精度只能达到几米，而"赛卡博"无人车却装备了名为"实时运动全球定位系统"的特殊全球定位系统，其精度高达1厘米。

"赛卡博"无人车装有充当"眼睛"的激光传感器，能够避开前进道路上的障碍物，还装有双镜头的摄像头，来按照路标行驶，乘客甚至可以通过手机控制驾驶汽车，每辆"赛卡博"无人车都能通过互联网进行通信，这意味着这种无人驾驶汽车之间能够做到信息共享，这样多辆无人驾驶汽车就能够组成车队，以很小的间隔顺序行驶。"赛卡博"无人车也能通过交通网络获取实时交通信息，防止交通阻塞的发生。在行驶过程中，该车还会自动发出警告，提醒过往行人注意。

紧靠在一起的两辆"赛卡博"无人车

"赛卡博"无人车侧后方视角

法国 EZ10 无人车

EZ10 无人车是由法国利吉尔集团研制的无人驾驶汽车。

研发历史

EZ10 无人车的车体由利吉尔集团负责制造，而车上导航系统的设计与安装由易米莱公司负责。易米莱公司是利吉尔集团与另一家专营机器人软件服务的法国公司共同组建的合资企业。2016 年 8 月，EZ10 无人车在日本千叶县试营运。2016 年 9 月，迪拜道路与交通管理局宣布采用 EZ10 无人车在市中心试营运一个月的计划。

性能解析

基本参数	
制造商	利吉尔
长度	4 米
宽度	2 米
高度	2.75 米
轴距	2.8 米
自重	2 750 千克
最高时速	40 千米 / 时
续航时间	8 小时

EZ10 无人车是一种短途迷你巴士，用于常规的电车或地铁未经过的路线或设置站台不符成本的"最后一公里"交通运输，因为它不需额外铺设铁轨或加建其他基础设施，且没有固定路线。EZ10 无人车外形方正，车身不分前后，可以双向行驶。车顶设置了全球定位系统，车身的四个角落有激光传感器和全球定位系统传感器。它的障碍物侦测系统依赖传感器与 270°视角的摄影机运作，重叠检测后可做到全方位侦测，其侦测有效范围为 40 米。

虽然 EZ10 无人车的最高时速可以达 40 千米，但在日本试营运期间，其限速不超过 11 千米 / 时。日本试营运版的 EZ10 无人车最多可搭载 12 名乘客，同时车上不设置驾驶员，官方仅设置 1 人，用于紧急情况时按下停止开关。

EZ10 无人车前方视角

EZ10 无人车侧面视角

车门开启的 EZ10 无人车

EZ10 无人车

法国 Bebop 无人机

Bebop 无人机是由法国帕罗公司研制的消费级无人机。

研发历史

帕罗公司是一家法国的高科技公司，总部设在巴黎，1994 年由亨利·赛杜创办。该公司致力于创造、研发并销售面向消费者及专业人士的高技术无线产品。该公司最初主营车载信息娱乐系统，2010 年开始涉足无人机领域，并推出了消费级无人机 AR. Drone。此后，帕罗公司又推出了 Bebop 无人机。该公司负

基本参数	
制造商	帕罗
像素	1 400 万
控制范围	300 米
续航时间	11 分钟
充电时间	90 分钟

责人表示，帕罗公司一直专注于制作有趣的无人机，而 Bebop 无人机的诞生则让公司在这方面有了显著进步。

性能解析

Bebop 无人机的主要用途是航空摄影，配备了像素为 1 400 万、可拍摄 1080P 视频的高清摄像头，并配备了水平与垂直方向的 180°视角。广角镜头可以让 Bebop 无人机摒弃大多数运动摄影无人机所使用的复杂多轴万向节的架构。Bebop 无人机采用了三轴陀螺仪和橡胶减震器以稳定摄像头，除此以外它还使用了软件算法来进一步保持图像稳定。该机自带了 8GB 的存储空间，在后续的软件更新中也将支持外接 U 盘来扩展存储空间。

Bebop 无人机的使用方式比较简单，基本的控制设施放置在左侧，左侧的虚拟摇杆可以控制仰角和旋转，并使用移动设备的加速度计控制前进、后退和左右摆动。如果在飞行过程中出现电池电量过低的情况，用户可点击"回程"按钮，Bebop 无人机会在 GPS 的引导下自动飞回用户身边。

Bebop 无人机前方视角

低空飞行的 Bebop 无人机

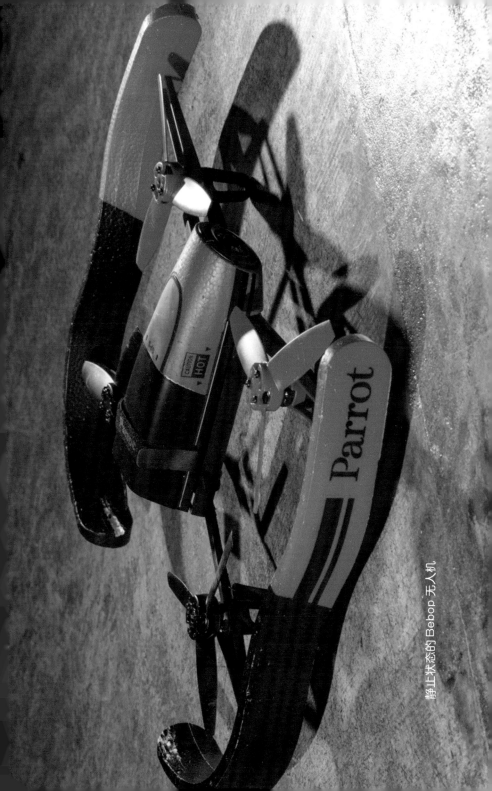

静止状态的 Bebop 无人机

法国 Disco 无人机

Disco 无人机是由法国帕罗公司研制的消费级无人机。

研发历史

虽然消费级无人机还不是特别普及，但它的外形却越来越固定，大多数的无人机都采用四轴设计方式，底部有 2 个支架供起飞和降落。在这种情况下，帕罗公司推出了采用固定翼的 Disco 无人机，它看起来像个小型的轰炸机，让人眼前一亮。

基本参数	
制造商	帕罗
空重	0.7 千克
像素	1 400 万
最高速度	80 千米 / 时
续航时间	45 分钟

性能解析

帕罗公司称，Disco 无人机是一款无须学习就能操控的固定机翼无人机，它的自动驾驶系统和各种传感器（加速计、陀螺仪、磁力计、气压计、皮托管、全球定位系统）能自主控制飞行。Disco 无人机的起飞方式很特别，只要扔出去就行。将 Disco 无人机放飞后，它会自动飞行，直到用户停止操作。飞行期间，自动驾驶系统还会自动防止误操作。

Disco 无人机的最高速度达 80 千米 / 时，比多数消费级无人机都快。固定翼的设计也让它使用时间更长，帕罗公司称单次充电可持续飞行 45 分钟。Disco 无人机可用帕罗公司的标准无线控制器操作，还可以在应用中设定飞行计划，让它自由飞翔。Disco 无人机还配备了像素为 1 400 万的摄像头，和三轴稳定器，使用 Wi-Fi 传输图像。Disco 无人机的机翼可拆卸，方便携带，也能减少着陆时对机身的损害。

Disco 无人机开始飞行

Disco 无人机前方视角

Disco 无人机及其控制器

德国"路克斯"无人车

"路克斯"无人车是由德国艾比欧公司研制的无人驾驶汽车。

研发历史

艾比欧公司成立于 1998 年，总部位于德国北部城市汉堡。该公司曾是全球知名传感器生产企业西克集团旗下子公司，2009 年起艾比欧公司脱离西克集团后专注于智能辅助驾驶系统的开发，用以提高驾驶的安全性和舒适性。"路克斯"无人车由艾比欧公司应用先进的激光传感技术研制而成。

基本参数	
制造商	艾比欧
长度	4.35 米
宽度	1.65 米
高度	1.49 米

性能解析

"路克斯"无人车由普通轿车改装而成，在车身安装了 6 台"路克斯"激光传感器，可以在错综复杂的城市公路系统内行驶。在行驶过程中，车内安装的全球定位仪可随时获取汽车所在准确方位。隐藏在前灯和尾灯附近的激光摄像机可随时探测汽车周围 180 米内的道路状况，并通过全球定位仪路面导航系统构建三维道路模型。此外，它还能识别各种交通标志，保证汽车在遵守交通规则的前提下安全行驶。安装在汽车后备箱内的计算机将汇总、分析两组数据，并根据结果向汽车下达相应的行驶指令。

瑞士 eBee 无人机

eBee 无人机是由瑞士先知飞行公司研制的一款消费级无人机。

研发历史

瑞士先知飞行公司是法国帕罗公司的子公司，设在瑞士洛桑，专门从事行业无人机应用领域的研发。eBee 无人机是先知飞行公司最新研发的智能无人机系统，是一种操作简便的全自动迷你型无人机。

性能解析

eBee 无人机的机身采用模块化设计方式，机身和机翼可以拆离，和其他所有附件一起放置

基本参数	
制造商	先知飞行
机身长度	0.55 米
机身宽度	0.45 米
机身高度	0.25 米
翼展	0.96 米
空重	0.638 千克
续航时间	45 分钟
巡航速度	57 千米/时

在一个小运输箱内，箱子的重量不足 5 千克，能轻松实现手提和满足航空运输要求。其轻巧环保型 APP 材质机身和后置螺旋桨，大大提高了 eBee 无人机的操作安全性。由于重量轻，eBee 无人机可以手抛起飞。该机的起飞、巡航和降落都可自主完成，地面传感器由镜头和一个高灵敏度的光学传感器组成，能够精确地测量到地面的距离。该地面传感器可使 eBee 无人机能够通过线性方式轻落到各种地面上，它比单独使用全球定位系统导航降落的其他无人机更精确。

eBee 无人机在高空飞行

eBee 无人机及其控制器

挪威"胡戈恩"无人潜水器

"胡戈恩"无人潜水器是由挪威康斯伯格海事公司研制的民用无人潜水器。

研发历史

作为北欧强国的挪威，在无人潜水器制造方面有很高的技术水平。"胡戈恩"无人潜水器是康斯伯格海事公司研制的著名民用无人潜水器，可用于海洋勘探、水下工程结构管线检测、海底地形绘制摄影、反潜、环境评估和海洋监视等。

性能解析

基本参数	
制造商	康斯伯格海事
长度	6 米
直径	1 米
自重	1 900 千克
最高时速	4 节
潜航深度	4 500 米

"胡戈恩"无人潜水器最深可下潜至 4 500 米，并根据需要携带各类探测仪器。其导航模式包括惯性导航、多普勒计程仪、全球定位系统、超短基线、长基线导航等，携带有高精确度深海声呐、有避障声呐、多音束测深系统、侧扫声呐、CTD、摄影机和声学照相机。

回收"胡戈恩"无人潜水器

"胡戈恩"无人潜水器头部特写

中国"悟"1无人机

"悟"1无人机是由中国大疆创新科技有限公司研制的专业级航拍无人机，2014年上市。

研发历史

"悟"1无人机的研发工作始于2012年，经过两年时间的研发，大疆创新科技有限公司成功让该机在空中飞行时，将脚架收起，使航拍360°无死角，随心捕捉想要的航拍画面。2014年11月13日，大疆创新科技有限公司在旧金山金银岛上正式发布了"悟"1无人机。

基本参数	
制造商	大疆创新科技
起飞重量	3.5千克
最大上升速度	5米/秒
最大平飞速度	22米/秒
飞行时间	18分钟
工作温度	-10℃至40℃

性能解析

"悟"1无人机集成了一系列原本只有专业级的"筋斗云"系列飞行平台才能实现的功能，却仍延续了大疆"精灵"系列无人机"到手即飞、开箱即用"的特点，真正让尖端的影视航拍技术和震撼的航拍视觉体验轻松走进千家万户。其新型的视觉定位系统，采用特别定制的相机以及超声波技术，即使是在室内无GPS信号的情况下也能实现定高定位悬停。在飞行中，"悟"1无人机的全功能App，可以实时调节包括ISO、白平衡、曝光补偿等相机参数。同时，也能一键自动起飞降落，带来了全新的飞行体验。"悟"1无人机能拍摄4K视频，无线回传的视频支持720P的规格。

"悟" 1 无人机在低空飞行

停在草地上的 "悟" 1 无人机

中国"悟"2 无人机

"悟"2 无人机是由中国大疆创新科技有限公司研制的专业级航拍无人机，2016 年上市。

研发历史

2016 年 11 月 16 日，大疆创新科技有限公司在美国洛杉矶发布了旗舰级无人机——"悟"2 无人机。相比第一代产品，"悟"2 无人机的专业航拍能力得到大幅提升，在中国市场的售价为 19999 元人民币。

基本参数	
制造商	大疆创新科技
起飞重量	4 千克
最大上升速度	6 米 / 秒
最大平飞速度	26 米 / 秒
飞行时间	27 分钟
工作温度	−10℃至 40℃

性能解析

"悟"2 无人机的设计突破在于机身集成了影像处理系统 CineCore 2.0 及 SSD 数据存储单元，快拆接口支持接入一系列云台相机。与相机自身集成存储及处理系统的方式相比，这种设计不仅能更稳定地存储并处理影像数据，还可以借助飞行器机身的高稳定性结构实现对于 CINESSD 高速存储卡更好的保护，再加上没有存储及处理系统后，相机重量变轻，"悟"2 无人机的飞行性能可以得到充分发挥。CineCore 2.0 赋予了 Inspire 2 强大的影像处理能力，在与包括禅思 X4S、X5S 云台相机在内的多款专业相机搭配时，可轻松全面满足要求迥异的拍摄需求。

"悟"2 无人机标配前视和下视双目视觉系统，可探测 30 米范围内的障碍物，在障碍物感知系统开启的情况下，依然拥有良好的机动性。除此之外，"悟"2 无人机还配有一个顶部红外感知系统，能有效感知上方 5 米范围内的物体，可以在上升过程中，大概率避免飞行器撞击顶部障碍物的情况发生。

停在地面的"悟"2无人机

贴地飞行的"悟"2无人机

中国"精灵"3无人机

"精灵"3无人机是由中国大疆创新科技有限公司研制的消费级航拍无人机，2015年上市。

研发历史

2015年4月8日，"精灵"系列新品"精灵"3的两款产品在美国纽约、英国伦敦和德国慕尼黑三地同步发布，即"精灵"3专业版和"精灵"3高级版。其区别在于专业版搭载了4K镜头，而高级版搭载的是1080P摄像。同年8月5日，大疆创新科技有限公司宣布推出面向入门级新

基本参数	
制造商	大疆创新科技
起飞重量	1.216 千克
最大上升速度	5 米 / 秒
最大平飞速度	16 米 / 秒
飞行时间	25 分钟
工作温度	−10℃至 40℃

飞手的"精灵"3标准版。2016年1月6号，大疆为一些对画质有较高要求而且预算有限的用户带来了一个折中方案——"精灵"3 4K航拍套件。

性能解析

"精灵"3无人机的外观接近"精灵"1无人机，两者有细微的差别，但都是圆润的白色设计。"精灵"3无人机的机身设计了新的机动倾斜来保证更好的稳定性，而外部则设置了更宽的着陆传动装置来帮助摄像机取景时不会混入飞行器自身。它额外增加的一个隔间安置了新的向下传感器以支持室内飞行。发射设备变小，添加了更多的按钮，让用户能够不使 App 而改变摄像头的角度、开始 / 停止录像、拍照以及一些其他功能，这也意味着用户可以不必被强制连接手机或平板。"精灵"3无人机配备了 4K/1 200 万像素的摄像头和 6 000mAh 锂充电电池，最大支持 64GB 容量的 Micro-SD 卡。

"精灵" 3 标准版

"精灵" 3 专业版

中国"精灵"4无人机

"精灵"4无人机是由中国大疆创新科技有限公司研制的消费级无人机。

研发历史

大疆创新科技有限公司成立于2006年，现已成为全球技术领先的无人飞行器控制系统及无人机研发和生产商，客户遍布全球上百个国家。"精灵"系列无人机是该公司的经典无人机产品，而"精灵"4无人机是在2016年3月1日推出的最新一代"精灵"无人机。

基本参数	
制造商	大疆创新科技
空重	2.9千克
最高时速	72千米/时
控制范围	5千米
续航时间	28分钟

性能解析

"精灵"4无人机的前视障碍物感知系统集成了先进的传感器与计算机视觉技术，使其具备了感知和主动避障能力。全新视觉下视定位系统有效距离达10米，比上一代"精灵"无人机提升了三倍以上，该无人机在室内等无全球定位系统信号的环境下也能精准悬停、稳定飞行。"精灵"4无人机云台和电池的合理布局使机身重心中置，电机安装上移使扭矩响应更灵敏，精准可靠的飞控系统让飞行更安全。"精灵"4无人机的飞行时间长达28分钟，有效飞行时间比上一代提升约25%。

中国 "御" Pro 无人机

"御" Pro 无人机是由中国大疆创新科技有限公司研制的消费级航拍无人机，2016 年上市。

研发历史

2016 年 9 月 27 日，大疆创新科技有限公司正式发布 "御" Pro 无人机，这是大疆在 "精灵" 和 "悟" 之外新推出的系列，主打专业和便携。其配置和 "精灵" 4 无人机非常接近但价格更加便宜，0.743 千克的重量和矿泉水瓶大小的机身在同级别无人机中罕有对手。

基本参数	
制造商	大疆创新科技
起飞重量	0.734 千克
最大上升速度	5 米 / 秒
最大平行速度	18 米 / 秒
飞行时间	27 分钟
工作温度	-10℃至 40℃

性能解析

"御" Pro 无人机采用折叠式设计，折叠状态下，4 个机臂紧贴机身，整体仅有矿泉水瓶大小，用户可将其放在背包中，并可在短时间内完成飞行准备。紧凑式设计的背后，"御" Pro 无人机的功能依旧强劲。它配备有机械稳定的 4K 航拍相机、视觉导航系统、最远 7 千米的图传距离、最长 27 分钟的飞行时间，种种特性重新定义了小型无人机的技术标准。

折叠后的"御"Pro 无人机

飞行中的"御"Pro 无人机

中国"御"2 无人机

"御"2 无人机是由中国大疆创新科技有限公司研制的消费级航拍无人机，2018 年上市。

研发历史

2018 年 8 月 23 日，大疆创新科技有限公司在美国纽约召开新品发布会，正式发布全新的消费级无人机产品——"御"2 专业版以及"御"2 变焦版。两款产品拥有实力更强的影像系统，同时在图传、避障、续航等方面均有明显提升。

基本参数	
制造商	大疆创新科技
起飞重量	0.907 千克
最大上升速度	5 米 / 秒
最大平飞速度	20 米 / 秒
飞行时间	31 分钟
工作温度	–10℃至 40℃

性能解析

"御"2 专业版采用 2 000 万像素的哈苏镜头，CMOS 图像传感器尺寸高达 1 英寸，画质更出色。在录制视频时，"御"2 专业版支持拍摄 4K HDR 视频，可以保留更多亮部及暗部细节。10bit Dlog-M 色彩模式的拍摄，也能为后期制作提供创作空间，让拍摄的画面色彩更加丰富，观感更好。相比而言，"御"2 变焦版仅搭载一颗 1 200 万像素摄像头，CMOS 图像传感器尺寸为 1/2.3 英寸。但是得益于两倍光学变焦的加持，使"御"2 变焦版不但能轻松取到远处的景色，还可通过滑动变焦也可拍出令人惊叹的视觉效果，而且在变焦的过程中画质依旧清晰。

"御" 2 专业版

"御" 2 变焦版

中国 "御" Air 2 无人机

"御" Air 2 无人机是由中国大疆创新科技有限公司研制的消费级航拍无人机,于 2020 年上市。

研发历史

2020 年 4 月 28 日,大疆创新科技有限公司召开主题为"更进一步"的发布会,正式公布了"御" Air 2 无人机。该机从外观、配套硬件到软件系统都进行了升级,标准版售价 4 999 元人民币,包括飞行器、电池、遥控器和线材等。另有售价 6 699 元人民币的畅飞套装,除了包含标准版的配置之外,还有单肩包、备用电池 2 块、ND 滤镜 1 组等。

基本参数	
制造商	大疆创新科技
起飞重量	0.57 千克
最大上升速度	4 米 / 秒
最大平飞速度	19 米 / 秒
飞行时间	34 分钟
工作温度	−10℃至 40℃

性能解析

"御" Air 2 无人机延续了"御"系列一脉相承的折叠结构,搭载了 1/2 英寸 CMOS 图像传感器,可拍摄 4 800 万像素照片、4K/60fps 视频及 8K 移动延时视频。仅重 0.57 千克的轻便机身,带来长达 34 分钟的超强续航时间和最远 10 千米的高清数字图传距离。"御" Air 2 无人机还具有 OcuSync 2.0 图像传输系统,可以在 10 千米内提供低延时、稳定可靠的 1080P/30fps 高清视频。

俯视"御"Air 2无人机

"御"Air 2无人机手持示意

中国 MG-1 农业植保机

MG-1 农业植保机是由中国大疆创新科技有限公司研制的第一款农业植保机，2015 年上市。

研发历史

2015 年 11 月，大疆创新科技有限公司发布首款农业植保机 MG-1。这是一款实现防尘、防水、防腐蚀的工业级设计产品，售价 52 999 元人民币。2016 年 11 月，大疆创新科技有限公司发布了改进型 MG-1S，飞控系统、环境感知系统与喷洒系统均有升级。2017 年 12 月，大疆创新科技有限公司又推出了更先进的 MG-1P。

基本参数	
制造商	大疆创新科技
起飞重量	0.57 千克
最大上升速度	4 米 / 秒
最大平飞速度	19 米 / 秒
飞行时间	34 分钟
工作温度	0℃至 40℃

性能解析

MG-1 农业植保机主要用于农业喷洒，用户可根据不同地形条件选择智能、辅助及手动三种作业模式，无需事先绘测农田，在飞行期间直接规划路线即可进行自动喷洒。该机配备了强劲的八轴动力系统，使其载荷达到 10 千克的同时推重比高达 1：2.2，每小时作业量可达 40~60 亩，作业效率是人工喷洒的 40 倍以上。而 MG-1P 的每小时作业量提升至 90 亩，可让近百亩地的作业时长缩短至 1 小时左右，实现效率翻番。MG-1P 拥有八轴动力冗余设计，配合自适应动力保护算法与鲁棒控制算法，即使其中一个机轴在飞行中出现故障，也能保持安全飞行。电机驱动系统支持双备份通信机制，信号链路异常时自动切换至后备链路，保障飞行安全。

MG-1S 农业植保机

MG-1P 农业植保机

日本"阿西莫"机器人

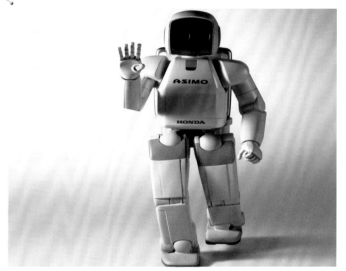

"阿西莫"机器人是由日本本田技研工业株式会社研制的仿人机器人。

研发历史

　　"阿西莫"机器人是本田公司付出无数科技研究心血的结晶，这种步行机器人的发展历经近二十年的时间，其始祖 E0 机器人早在 1986 年就已经诞生。第一代"阿西莫"机器人诞生于 2000 年，第二代诞生于 2006 年，第三代诞生于 2011 年。时至今日，本田公司仍在对其进行改进。

基本参数	
制造商	本田
高度	1.3 米
宽度	0.45 米
自重	48 千克
最高时速	9 千米／时

性能解析

　　早期的机器人如果直线行走时突然转向，必须先停下来，比较笨拙。而"阿西莫"机器人就灵活得多，它可以实时预测下一个动作并提前改变重心，因此可以行走自如，完成诸如"8"字形行走、下台阶、弯腰等各项"复杂"动作。第三代"阿西莫"机器人除了具备行走功能与各种人类肢体动作之外，更配备了人工智能系统，可以预先设定动作程序，还能依据人类的声音、手势等指令，来做出相应动作。此外，它还具备了基本的记忆与辨识能力。

　　"阿西莫"机器人最重要的功能就是它的调节能力。它除了能像人类一样正常地步行之外，还能对行走过程中遇到的突发情况进行自我调节。比如在有一定斜度的路面上行走，甚至在行走时被撞击，它也能对这些情况进行及时处理，并相应地调节姿态，以确保能够正常行走。

"阿西莫"机器人端茶送水

"阿西莫"机器人拧开杯盖

"阿西莫"机器人与人交流

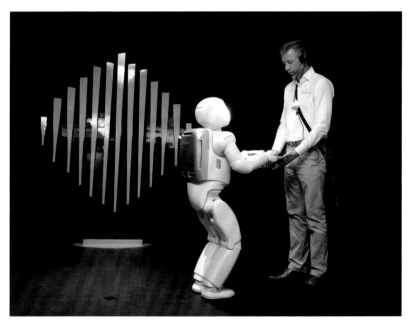

"阿西莫"机器人访问迪拜

日本 HOAP-3 机器人

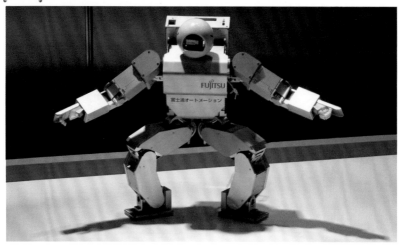

HOAP-3 机器人是由日本富士通自动化公司研制的仿人机器人。

研发历史

　　HOAP-3 机器人是富士通自动化公司于 2013 年 7 月 5 日推出的民用仿人机器人，它有助于研究人员分析机器人如何能更好地适应人类环境。在 HOAP-3 机器人的研制过程中，日本和法国组成的机器人联合实验室发挥了重要作用。

基本参数	
制造商	富士通
高度	0.6 米
自重	8.8 千克

性能解析

　　HOAP-3 机器人是一款能与环境互动学习的人形机器人。例如，通过观看人类活动，它便能模仿人类活动方式，利用灵敏的肢体将学到的动作表现出来。HOAP-3 机器人采用 1.1GHz 英特尔 Pentium M 处理器的 RT-Linux 操作系统，该系统有 2 个摄像头、1 个加速器、显示面部表情的 LED 以及 28 个关节，肢体多个部位还有传感器，如脚底。此外，还有速率回转仪、红外线测距仪、压力传感器等关键设备。除了模仿人类动作外，HOAP-3 机器人还能辨识声音，进行言语合成，支持广播控制。

日本 QRIO 机器人

QRIO 机器人是由日本索尼公司研制的仿人机器人。

研发历史

QRIO 机器人是日本较为出名的机器人产品，诞生于 2003 年。不过，QRIO 机器人一直停留在原型机状态，并未对外公开发售。而在 QRIO 机器人诞生之后，索尼公司在经营上开始走下坡路。2005 年，索尼新任 CEO 霍华德·斯金格开始了堪称巨变的改革，砍掉了 QRIO 机器人、AIBO 机器狗和豪华品牌 QUALIA 三个项目。直到 2016 年，索尼公司才重返机器人市场。

基本参数	
制造商	索尼
高度	0.3 米
自重	7.3 千克
最高时速	0.84 千米 / 分

性能解析

QRIO 机器人具有 38 个关节，能走能跳，甚至可以踢足球。它还具有面部识别功能，认得自己的主人。QRIO 机器人在行走时可以有约 20 毫秒不接触地面的时间。该机器人不仅可以行走，而且可以跳跃，在跳跃状态下不接触地面的时间可达 40 毫秒。行走速度为 14 米 / 分。如果假设其大小与人相同，换算过来相当于 2.5 千米 / 时，给人以慢跑的印象。此外，QRIO 机器人还可以独立控制两手手指抓放物品。

QRIO 机器人正在表演

神态各异的 QRIO 机器人

日本"海沟"号无人潜水器

"海沟"号无人潜水器是由日本海洋科技中心研制的有缆无人潜水器。

研发历史

无人潜水器分为两种，一种是和母船通过电缆连接的有缆潜水器，另一种是无缆自主潜水器。1990年问世的"海沟"号无人潜水器是有缆潜水器的典型代表，它可以下潜到比较深的海域，但是其活动范围受到电缆线的限

基本参数	
制造商	日本海洋科技中心
长度	3米
自重	5400千克
潜航深度	11 000米

制，只能对定点海域进行深潜。"海沟"号无人潜水器曾经下潜到10 970米的深海，创下人类无人潜水器的下潜深度纪录，但2003年6月"海沟"号无人潜水器由于电缆断裂，从此失踪。

性能解析

"海沟"号无人潜水器耗资5 000万美元，外表呈浅黄色。它装备有复杂的摄像机、声呐和一双采集海底样品的机械手，并携带可用来制造新药的一些新细菌样本。"海沟"号无人潜水器可分为两个部分，一个是中继站，它与母船通过一次缆相连；另一个是潜水器，它通过250米长的二次缆与中继站相连。中继站自己不能运动，依靠母船拖曳。

由于光波及无线电波均无法到达海底，因而声波是唯一可用的通信方法。在海水中声波的传递速度为1 500米/秒，要由母船到达10 000米以下的海底

需要 7 秒钟的时间。如果遇到紧急情况，要想通过声波遥控实现避障，几乎是不可能的，因而"海沟"号与母船之间采用光缆通信。由母船发出的信号，以及由"海沟"号摄像机拍摄到的实时图像信号均可通过光缆传输，操作人员可观察监视器上的图像，在母船上对"海沟"号进行操作。

"海沟"号无人潜水器及其投放装置

"海沟"号无人潜水器的控制室

日本"浦岛"号无人潜水器

"浦岛"号无人潜水器是由日本海洋科技中心研制的无缆自主潜水器。

研发历史

日本十分重视海洋资源,在"海沟"号无人潜水器失事后,日本海洋科技中心便开始研制新的无人潜水器,其成果就是"浦岛"号无人潜水器。日本海洋科技中心认为,这一潜水装置在世界上已居领先地位。日本海洋科技中心还计划在"浦岛"号无人潜水器的技术基础上开发性能更高的无人驾驶深海探测器。

基本参数	
制造商	日本海洋科技中心
长度	10 米
宽度	1.3 米
高度	1.5 米
自重	7 500 千克
最高时速	3 节
潜航深度	3 500 米

性能解析

"浦岛"号无人潜水器是世界上首台以燃料电池为推进动力,由内置式电脑自主导航的潜水器。它采用自主航行模式,不再借助电缆。"浦岛"号无人潜水器拥有侧扫雷达、海底地层剖面仪、多波束声呐、摄像头、电子照相机、快速剖面传感器和声学多普勒流速剖面仪等多种设备。在试航时,"浦岛"号无人潜水器使用无线通信手段向海面停泊的母船"横须贺"号传送了用水中摄像机拍摄的深海彩色图像。

[1] 比尔·耶讷. 无人机改变现代战争 [M]. 北京：海洋出版社，2016.

[2] 王强. 世界军用无人机图鉴 [M]. 北京：人民邮电出版社，2014.

[3] 西风. 美军无人机大全 [M]. 北京：中国市场出版社，2013.

[4] 陈慧岩. 无人驾驶汽车概论 [M]. 北京：北京理工大学出版社，2014.

[5] 陈洪. 王牌空军作战手册——战机 [M]. 上海：科学普及出版社，2012.

[6] 宋建堂. 无人机法律法规与安全飞行 [M]. 北京：机械工业出版社，2019.

世界武器鉴赏系列

现代舰船
鉴赏指南
第3版

现代飞机
鉴赏指南
第3版

现代战机
鉴赏指南
第3版

单兵武器
鉴赏指南
第3版

特种作战装备
鉴赏指南
第3版

世界名枪
鉴赏指南
第3版

坦克与装甲车
鉴赏
第3版

二战尖端武器
鉴赏指南
第2版

世界手枪
鉴赏指南
第2版

早期经典战机
鉴赏指南
第2版

美国海军武器
鉴赏指南
第2版

空战武器
鉴赏指南
第2版

陆战武器
鉴赏指南
第2版

无人装备
鉴赏指南
第2版

特殊武器
鉴赏指南
第2版

海战武器
鉴赏指南
第2版